Schillers Bitt- und Bettelbriefe

»Gnädigster Herr, ich habe Familie«

Schillers Bitt- und Bettelbriefe

Ausgewählt und kommentiert von
Christiana Engelmann

Vorwort

In der Not schrieb Friedrich Schiller Briefe, vielleicht die besten der gut 2500, die er in seinem kurzen Leben verfasste. Geldprobleme löste er grundsätzlich am Schreibtisch: Leidenschaftlich und sympathisch direkt gab er sein Elend preis. Bettelbriefe waren früher nichts Ungewöhnliches, die Textsorte beherrschten zwangsläufig viele. Mozart oder Richard Wagner zum Beispiel übten sie regelmäßig und herzzerreißend. Finanzielle Absicherungsnetze für Künstler wie Stipendien, Lesereisen oder Wettbewerbe etwa – Fehlanzeige. Landesfürsten, die auf Kultursponsoring setzten, waren eher die Ausnahme und meist schwer zu erweichen.

Im Lauf seines Lebens schreibt Schiller an Freunde, Mäzene, Gläubiger, Verleger, Theaterleiter und Landesherren. Er fleht um die Freiheit schreiben zu dürfen, bettelt um Vorschüsse, Darlehen, Bürgschaften, Zahlungsaufschübe, er fordert höhere Honorare, bittet um Freundschaft und Nachsicht, um kollegialen Austausch und materielle Zuwendungen – feine Sorten Wein, marokkanischen Tabak, kostbare Bücher oder einen Pelzmantel.

Heute sind seine Briefe vor allem ein persönliches Zeugnis seines Aufstiegs vom mittellosen Schüler einer Eliteschule, der Gelegenheitsgedichte schrieb, zum renommierten Dichter mit Adelstitel, einer gebildeten Frau, vier Kindern und einem (fast) eigenen Haus. Sie zeigen auch seinen stilistischen Aufschwung vom beflissenen Bittsteller, verschämt-unverschämt fordernden jungen Mann bis zum selbstbewussten Autor, der seine Wünsche selbstverständlich und gleichberechtigt formuliert. Und schließlich trifft man ihn hier persönlicher und offener als nirgends sonst.

I. »Unglücklicher kann bald niemand sein, als ich.« Schwere Zeiten in Stuttgart und Flucht ins Exil (1780–1783)

AN JOHANN WILHELM PETERSEN

Schiller ist 21 Jahre alt, schreibt gerade sein Examen in Medizin und hat, verbotenerweise, ein Drama verfasst. Noch weiß er nicht, ob er Arzt oder Schriftsteller werden soll. Geld braucht er in jedem Fall. Er bittet einen ehemaligen Schulfreund, sein Agent zu sein. Schiller verspricht Gewinnbeteiligung und ein edles Besäufnis, falls er einen Verlag für die »Räuber« findet.

Schiller und Petersen riskieren viel: Als Untertanen des Herzogs Carl Eugen von Württemberg, einer jener despotisch und verschwenderisch herrschenden Kleinstaatenfürsten, die bedenkenlos in die Privatsphäre ihrer Untertanen eingreifen, dürfen sie ohne seine Einwilligung nichts veröffentlichen. Schiller muss die »Räuber« anonym auf den Markt bringen. Der Buchmarkt ist auch Ende des 18. Jahrhunderts kein Spielplatz; herzögliche Zensur, fehlender Urheberschutz und ein unkalkulierbarer Publikumsgeschmack verunsichern die Autoren.

Liebster Freund

... Der erste und wichtigste Grund warum ich die Herausgabe wünsche, ist jener allgewaltige Mammon, dem die Herberge unter meinem Dache gar nicht ansteht – das Geld. Stäudlin hat für einen Bogen seiner *Verse* einen Dukaten von einem Tübinger Verleger bekommen, warum sollt ich nicht für mein Trauerspiel, das durch den neuen Zusatz 12–14 Bogen enggedruckt abgeben wird, von einem Mannheimer nicht eben soviel – nicht mehr bekommen können. Was über 50 Gulden abfällt ist Dein. Du musst aber nicht glauben als ob ich Dich dadurch auf einem interessierten Wesen ertappen wollte, (ich kenne Dich ja) sondern das hast Du treu und redlich verdient, und kannst brauchen.

Der zweite Grund ist, wie leicht zu begreifen, das Urteil der Welt, dasjenige was ich und wenige Freunde mit vielleicht übertrieben günstigen Augen ansehen, dem unbestochenen Richter dem Publikum preiszugeben. Dazu kommt noch die Erwartung, die Hoffnung und Begierde, welches alles mir meinen Aufenthalt im Loche der Prüfung, verkürzen und versüßen, und mir die Grillen zerstreuen soll. Ich möchte natürlicherweise auch wissen, was ich für ein Schicksal als Dramatiker, als Autor zu erwarten habe.

Und dann endlich ein dritter Grund, der ganz echt ist, ist dieser: Ich habe einmal in der Welt keine andre Aussicht als in meinem Fache zu arbeiten. ...

P. S. Höre Kerl! wenn's reussiert. Ich will mir ein
paar Bouteillen Burgunder drauf schmecken lassen.
Leb recht wohl.
Schiller.

Einen Verleger findet Petersen für die »Räuber« nicht. Den meisten ist der Stoff zu heiß. Ein Besäufnis wird es trotzdem gegeben haben.

Seit einem Jahr ist Schiller Regimentsarzt beim Reservebatallion in Stuttgart. Ein trostloser Arbeitsplatz, den er nur in Uniform betreten und nicht kündigen darf. Als Ex-Schüler der Hohen Carlsschule steht er lebenslang im Dienst des Herzogs. Da ist der Kontakt zum Mannheimer Nationaltheater ein echter Lichtblick. Wolfgang Heribert von Dalberg leitet seit kurzem die hochmoderne Schaubühne in Mannheim und plant, »statt der ewigen Franzosen« Stücke deutscher Autoren auf die Bühne zu bringen. Im Trend liegen wilde Ritterspektakel und Familienrührstücke. Auf Umwegen sind die »Räuber« bei Dalberg gelandet. Schiller hat den Text extra drucken lassen, um seine Chancen zu verbessern und sich dafür mit 150 Gulden verschuldet. Für den unterbezahlten Regimentsarzt eine Riesensumme und der Anfang einer chronischen Schuldenspirale. Dalberg gefällt das Stück, doch nicht sein hitziger Sturm und Drang-Drive. Er fordert Änderungen. Schiller will Dalberg auf keinen Fall verprellen, sein Drama aber auch nicht zum Ritterstück herunterschreiben.

Stuttgart, den 3. November 1781

… Dass Euer Exzellenz die Amalia lieber erschießen als erstechen lassen wollen gefällt mir ungemein, und ich willige mit Vergnügen in diese Veränderung. Der Effekt muss erstaunlich sein, und kommt mir auch räubermäßiger vor. Was sonstige Abänderungen betrifft so stell ich es dem Gutbefinden Eurer Exzellenz anheim damit zu schalten und zu walten wie Sie wollen. Freilich wünscht ich zuweilen auch ein Wort zur Beleuchtung gewisser Stellen sprechen zu dürfen.

Wenn ich Ihnen auf die Frage: ob das Stück nicht mit Vorteil in spätere Zeiten zurückgeschoben werden könnte, meine unmaßgebliche Meinung sagen darf, so gesteh ich, ich wünschte diese Veränderung nicht. Alle Charaktere sind zu aufgeklärt, zu modern angelegt, dass das ganze Stück untergehen würde, wenn die Zeit, worin es geführt wird, verändert würde. Doch meine Meinung ist vielleicht zu einseitig, und soll auch nicht binden. Sonst wüßte ich nichts zur Legitimation meiner Umarbeitung hinzuzusetzen, wenigstens nichts was sich leicht in den Grenzen eines Briefs einschränken ließ. Lebendiger und anschauender wäre vielleicht öfters meine Rechtfertigung bei einzelnen Passagen selbst; denn ich erinnere mich noch wohl, dass es mich hie und da eine kleine Anstrengung gekostet hat, so und nicht anders zu handeln.

Übrigens unterwerf ich meine Arbeit gänzlich dem Urteil der Kenner, und habe also zu der Kritik des Vornehmsten unter diesen kein Wort hinzuzusetzen.

Euer Exzellenz ganz untertäniger
F Schiller.

Am 13. Januar 1782 findet tatsächlich die Uraufführung der »Räuber« am Mannheimer Nationaltheater statt – in Dalbergs Version! Obwohl die Verlegung ins Mittelalter das Stück entschärft, spüren die Zuschauer seine kritische Wucht. Der Autor sitzt im Zuschauerraum, zuhause darf das keiner wissen. Schiller ist glücklich und findet den Dienst im Militärkrankenhaus umso unerträglicher. Er bedrängt Dahlberg, fährt nochmals heimlich nach Mannheim und wird von Herzog Carl Eugen mit 14 Tagen Arrest und absolutem Schreibverbot bestraft, als dieser von der illegalen Fahrt Wind bekommt. Im Gefängnis verliert Schiller beim Kartenspiel 13 Gulden. Seine Schulden sind inzwischen auf etwa 300 Gulden angewachsen: 100 Gulden bei der Frau des Generals von Holle, 50 Gulden beim Hauptmann von Schade und 150 Gulden für den Druck der »Räuber«, für die Korporalsfrau Fricke gebürgt hat.

Das Schreibverbot trifft Schiller ins Mark. Er schreibt an den Herzog und fleht ihn an, sich doch seiner Vaterpflichten zu erinnern und das Verbot aufzuheben. Der Herzog ist schließlich offiziell an die Stelle von Schillers Eltern getreten, als diese ihren Sohn auf dessen Befehl in der Carlsschule abgeben mussten. Dass Schiller es überhaupt wagt, ihm, dem Herzog, mit Forderungen die Stirn zu bieten, ist eine unerhörte Provokation. Carl Eugen droht mit erneutem Arrest, sollte ihn Schiller mit weiteren Bittbriefen belästigen. Als einziger Ausweg bleibt jetzt nur noch die Flucht. Schillers Freund, Andreas Streicher, organisiert das gefährliche Unternehmen und begleitet ihn nachts über die Grenze nach Mannheim. Dort wird Schiller jedoch dringend geraten, sich schleunigst wieder mit Carl Eugen auszusöhnen. Denn bei einer offiziellen Fahndung müsste er ausgeliefert werden, um Konflikte zwischen den beiden Herzogtümern zu vermeiden. Schiller schickt schließlich noch einen letzten Bittbrief nach Schloss Solitude.

Mannheim, den 24. September 1782

Durchlauchtigster Herzog
Gnädigster Herzog und Herr,
Das Unglück eines Untertanen und eines Sohns kann dem gnädigsten Fürsten und Vater niemals gleichgültig sein. Ich habe einen schrecklichen Weg gefunden, das Herz meines gnädigsten Herrn zu rühren, da mir die natürlichen bei schwerer Ahndung untersagt worden sind. Höchst Dieselbe haben mir auf das strengste verboten literarische Schriften herauszugeben, noch weniger mich mit Ausländern einzulassen. Ich habe gehofft Eurer Herzoglichen Durchlaucht Gründe von Gewicht untertänigst dagegen vorstellen zu können, und mir daher die gnädigste Erlaubnis ausgebeten, Höchst Denenselben meine untertänigste Bitte in einem Schreiben vortragen zu dürfen; da mir diese Bitte mit Androhung des Arrests ver-

weigert ward, meine Lage aber eine gnädigste Milderung dieses Verbots höchst notwendig machte, so habe ich, von Verzweiflung gedrungen, den jetzigen Weg ergriffen, Eure Herzogliche Durchlaucht mit der Stimme eines Unglücklichen um gnädigstes Gehör für meine Vorstellungen anzuflehen, die meinem Fürsten und Vater gewiss nicht gleichgültig sind.

Meine bisherigen Schriften haben mich in den Stand gesetzt, den Jahrgehalt, den ich von Höchstdero hoher Gnade empfing, jährlich mit 500 Gulden zu verstärken, welcher ansehnliche Zufluss für meine Gelehrtenbedürfnisse notwendig war. Das Verbot, das mir das Herausgeben meiner Arbeiten legte, würde mich in meinen ökonomischen Umständen äußerst zurücksetzen, und gänzlich außer Stand setzen mir ferner die Bedürfnisse eines Studierenden zu verschaffen.

Zu gleicher Zeit glaubte ich es meinen Talenten, dem Fürsten, der sie weckte und bildete, und der Welt, die sie schätzte, schuldig zu sein, eine Laufbahn fortzusetzen, auf welcher ich mir Ehre zu erwerben, und die Mühe meines gnädigsten Erziehers in etwas belohnen könnte. Da ich mich bisher als den ersten und einzigen Zögling Eurer Herzoglichen Durchlaucht kannte, der die Achtung der großen Welt sich erworben hat, so habe ich mich niemals gefürchtet meine Gaben für diesen Endzweck zu üben, und habe allen Stolz und alle Kraft darauf gerichtet, mich hervorzutun, und dasjenige Werk zu werden, das seinen fürstlichen Meister lobte. Ich bitte Eure Herzogliche Durchlaucht in tiefster Untertänigkeit mir zu befehlen, dass ich das beweisen soll. ….

Diese einzige Hoffnung hält mich noch in meiner schrecklichen Lage. Sollte sie mir fehlschlagen so wäre ich der ärmste Mensch, der verwiesen vom Herzen seines Fürsten, verbannt von den Seinigen wie ein Flüchtling umherirren muss. Aber die erhabene Großmut meines Fürsten lässt mich das Gegenteil hoffen. Würde sich Carls Gnade herablassen mir jene Punkte zu bewilligen, welcher Untertan wäre glücklicher als ich, wie brennend sollte mein Eifer sein Carls Erziehung vor der ganzen Welt Ehre zu machen. Ich erwarte die gnädigste Antwort mit zitternder Hoffnung, ungeduldig aus einem fremden Lande zu meinem Fürsten, zu meinem Vaterlande zu eilen, der ich in tiefster Submission und aller Empfindung eines Sohns gegen den zürnenden Vater ersterbe

Eurer Herzoglichen Durchlaucht
untertänigst treugehorsamster
Schiller.

Carl Eugen bleibt hart, versichert aber, dass der Flüchtige nichts zu befürchten habe, wenn er auf der Stelle zurückkehre. Darauf lässt sich Schiller jedoch nicht ein.

AN WOLFGANG HERIBERT VON DALBERG

Zusammen mit Andreas Streicher flieht Schiller weiter nach Frankfurt, aus Angst vor möglichen Gläubigern oder Verfolgern des Herzogs. Streicher bestreitet den Unterhalt für beide aus seinem Ausbildungsbudget. Schiller bittet Dalberg um Geld, der gerade Gast auf einer Feier Carl Eugens in Stuttgart war, als Schiller in Mannheim auftauchte. Schiller steht das Wasser bis zum Hals.

Frankfurt am Main, den 6. Oktober 1782

Euer Exzellenz werden von meinen Freunden zu Mannheim meine Lage bis zu Ihrer Ankunft, die ich leider nicht mehr abwarten konnte, erfahren haben. Sobald ich Ihnen sage, *ich bin auf der Flucht,* sobald hab ich mein ganzes Schicksal geschildert. Aber noch kommt das schlimmste hinzu. Ich habe die nötigen Hilfsmittel nicht, die mich in den Stand sezten, meinem Missgeschick Trotz zu bieten. Ich habe mich von Stuttgart, meiner Sicherheit wegen, schnell, und zur Zeit des Großfürsten losreißen müssen. Dadurch habe ich meine bisherigen ökonomischen Verhältnisse plötzlich durchrissen, und nicht alle Schulden berichtigen können. Meine Hoffnung war auf meinen Aufenthalt zu Mannheim gesetzt; Dort hoffte ich, von Euer Exzellenz unterstützt, durch mein Schauspiel, mich nicht nur schuldenfrei, als auch überhaupt in bessere Umstände zu setzen. Dies ward durch meinen notwendigen plötzlichen Aufbruch hintertrieben. Ich ging leer hinweg, leer in Börse und Hoffnung. Es könnte mich schamrot machen, dass ich Ihnen solche Geständnisse tun muss, aber, ich weiss, es erniedrigt mich nicht. Traurig genug, dass ich auch an mir die gehässige Wahrheit bestätigt sehen muss, die jedem freien Schwaben Wachstum und Vollendung abspricht.

Wenn meine bisherige Handlungsart, wenn alles das woraus Euer Exzellenz meinen Charakter erkennen, Ihnen ein Zutrauen gegen meine Ehrliebe einflössen kann, so erlauben Sie mir, Sie freimütig um Unterstüzung zu bitten. So höchst notwendig ich jetzt des Ertrags bedarf, den ich von meinem Fiesko erwartete, sowenig kann ich ihn vor 3 Wochen theaterfertig liefern, weil mein Herz solange beklemmt war, weil das Gefühl meines Zustands mich gänzlich von dichterischen Träumen zurückriss. Wenn ich ihn aber bis auf besagte Zeit nicht nur fertig, sondern, wie ich auch hoffen kann, würdig verspreche, so nehme ich mir daraus den Mut, Euer Exzellenz um gütigsten Vorschuss des mir dadurch zufallenden Preises gehorsamst zu bitten, weil ich jetzt vielleicht mehr als sonst durch mein ganzes Leben, dessen benötiget bin.

Ich hätte ungefähr noch 200 Gulden nach Stuttgart zu bezahlen. Ich darf es Ihnen gestehen, dass mir das mehr Sorgen macht, als wie ich mich selbst durch die Welt schleppen soll. Ich habe so lang keine Ruhe, bis ich mich von der Seite gereinigt habe. – Dann wird mein Reisemagazin in 8 Tagen erschöpft sein. Noch ist es mir gänzlich unmöglich mit dem Geiste zu arbeiten. Ich habe also gegenwärtig auch in meinem Kopf keine Ressourcen. Wenn Euer Exzellenz (da ich doch einmal alles gesagt habe) mir auch hierzu 100 Gulden vorstrecken würden, so wäre mir gänzlich geholfen. Entweder würden Sie dann die Gnade haben, mir den Gewinn der ersten Vorstellung meines Fieskos mit aufgehobenem Abonnement zuzusprechen, oder mit mir über einen Preis übereinkommen, den der Wert meines Schauspiels bestimmen würde. In beiden Fällen würde es mir ein leichtes sein, (wenn meine jetzige Bitte die alsdann erwachsende Summe überstiege) beim nächsten Stück, das ich schreibe die ganze Rechnung zu applanieren. Ich lege diese Meinung, die nichts als inständige Bitte sein darf, dem Gutbefinden Euer Exzellenz also vor, wie ich es meinen Kräften zutrauen kann sie zu erfüllen. ...

Mit entschiedener Achtung nenne ich mich Eurer Exzellenz
wahrsten Verehrer
Frid. Schiller.

Arm aber sexy – trifft das auf Schiller zu? Ohne Einkünfte und so gut wie obdachlos geht er doch erstaunlich selbstbewusst mit dem Schuldenberg um. So als habe er einen rechtmäßigen Anspruch auf Talentförderung. Für sein Dilemma sind andere verantwortlich, vor allem eine gewisse schwäbische Tradition, die angeblich schon immer jedes Genie verkannt und vertrieben habe.

Den »Fiesko«, Schillers zweites Drama, lehnt Dalberg ab und zerschlägt die letzte Hoffnung auf den rettenden Vorschuss. Zum Glück hilft ihm Henriette von Wolzogen in dieser misslichen Lage. Sie bietet ihm ihr Landgut im thüringischen Bauerbach an, wo er im Dezember 1782 völlig abgebrannt und ohne Wintermantel halberfroren ankommt. Dort ist er sicher vor Verfolgern aller Art und gut versorgt. Zum ersten Mal in seinem Leben kann er in Ruhe schreiben. Die großzügige Förderin, Mutter eines Freundes aus Schulzeiten, geht für den Flüchtling ein hohes Risiko ein, da einer ihrer Söhne noch Schüler an der Hohen Carlsschule ist. Der Herzog streicht Schiller von der Regimentsliste und erklärt ihn offiziell zum Deserteur. Ein schweres Verbrechen.

Die Ruhe in Bauerbach tut ihm gut, die Einsamkeit nicht. Wilhelm Friedrich H. Reinwald, Bibliothekar an der herzoglichen Bibliothek im nahen Meiningen und literarisch interessiert, wird im entlegenen Winkel schnell zum Freund und wichtigen Gesprächspartner. Schon nach drei Monaten ist das Verhältnis zwischen beiden offensichtlich so locker, dass Schiller seine Wünsche zwanglos auflisten kann.

Bauerbach, den 14. Februar 1783

Heute, mein Lieber, werden Sie mit allerlei Aufträgen heimgesucht.

Zum *Ersten* haben Sie die Güte den beifolgenden Brief zu besorgen.

Zum *Zweiten* sehen Sie doch nach wie Sie mir ein Paket Gothaerzeitungen mitschicken können. Ich lese erstlich außerordentlich gern Anzeigen von Büchern, sodann finde ich vielleicht Anzeigen von mir – und wenn ich meinen Namen in der Zeitung lese, so erfahre ich doch, dass ich noch lebe. Also noch einmal – Wenn Sie mir ein Paket schicken können – Je früher es anfängt je besser – meinetwegen vom Anfang des 1782gsten Jahrs. (Ich bin gegen den vorigen Herbst mit meinem Repertorium darin rezensiert worden. Suchen Sie dieses Stück auf) Wenn Sie mir etwas schicken können so erfreuen Sie mich sehr.

Zum *Dritten* schicken Sie mir doch das Original meiner Romanze zu.

Zum *Vierten* (lachen Sie mich nicht aus) schenken Sie mir doch etwas Tinte, oder weisen Sie die Judith an, wo man gute bekommt. Doch will ich sie lieber von einem Gelehrten als von einem Schulmeister.

Zum *Fünften* schicken Sie mir wiederum ein ½ Pfund von dem guten Schnupftabak, den Sie mir schon etliche mal ausgemacht haben. Marocco.

Zum *Sechsten* ein Buch recht gutes Schreibpapier, meine *Louise Millerin* darauf abzuschreiben. Das holländische stumpft mir die Federn so ab.

Zum *Siebenten* empfehlen Sie mich dem Herrn Hofprediger, dem lieben braven Mann, und zum *Achten* bleiben Sie mein Freund, wie ich ohne Veränderung der Ihrige

Ritter

Die Unterschrift »Ritter« ist ein Pseudonym, schließlich darf niemand wissen, dass sich Schiller bei Henriette von Wolzogen versteckt hält. Reinwald hat keine Mühe gescheut, die Aufträge des jungen Dichters zu erfüllen. Er wurde dafür mit einem der schönsten Freundschaftsbriefe der Briefliteratur belohnt. Nach seiner Heirat mit Schillers Schwester Christophine, die er durch Schiller kennenlernte, gehörte er auch noch zur Familie. Da hatte Schillers Begeisterung für den herzoglichen Bibliothekar allerdings schon nachgelassen.

II. »Meine Zumutungen sind verzweifelt naiv.«
Erste Erfolge in Mannheim und Neuanfang in Leipzig (1783–1786)

AN HENRIETTE VON WOLZOGEN

Im Juli 1783 kehrt Schiller nach Mannheim zurück und möchte eigentlich nur ein paar Tage bleiben. Doch überraschenderweise verpflichtet ihn Dalberg jetzt als Hausautor, für ein Jahr zunächst. Zum ersten Mal im Leben unterschreibt Schiller einen Arbeitsvertrag. Im Brief an Henriette von Wolzogen, auf deren Gut er gerade acht Monate all-inclusive gelebt hat, gibt er sich großspurig, ganze 1200 bis 1400 Gulden werde er im kommenden Jahr verdienen, sie aber leider, leider noch keinen Gulden davon sehen. Schillers Schuldenberg ist mittlerweile um die Bauerbacher Außenstände auf etwa 540 Gulden angewachsen. Selbst in dem abgelegenen Nest hat er es geschafft, sich einiges auf Pump zu gönnen. Kein Zweifel, die großzügige Frau nutzt er schamlos aus. Auch als etwas Geld eingeht, vertröstet er sie immer wieder mit abenteuerlichen Versprechungen und geschönten Kalkulationen. Bis zu ihrem Tod im Jahr 1788 wird sie keinen einzigen Gulden von ihm zurückbekommen haben.

Mannheim, den 11. und 12. September 1783

Endlich kann ich mich wieder zu Ihnen wenden, meine Teuerste … Dalberg selbst kam mir mit dem Antrag entgegen, dass ich hier bleiben sollte. Er stellte mir frei, auf wie lang ich mit dem Theater accordieren, und was ich für meine Verwendungen fordern wollte. Ob ich Ihnen nun gleich bei meiner Abreise die Erklärung getan, dass ich vielleicht den Winter hier zubringen wollte, so zweifelte ich doch heftig bei mir selber, und ein allmächtiger Hang zu unserm stillen herrlichen Leben behielt schon die Oberhand, als Ihr Brief anlangte, und ich erfuhr, dass Winkelmann 2 Monate bei Ihnen zubringen würde. Sie wissen, meine Beste, dass mich die Ankunft dieses Herrn selbst aus Bauerbach vertrieben haben würde, wenn ich noch dort gewesen wäre, wie viel mehr musste sie mich jetzt von meiner Reise zurückhalten. Ich entschied also für die Anerbietungen Dalbergs und vor ungefähr 3 Wochen, wo ich bei ihm an Tafel war, wurden wir richtig. Ich bleibe bis auf den Mai 1784 hier, und folgende Punkte sind unter uns festgesetzt.

1. Bekommt das Theater von mir 3 neue Stücke – den Fiesko – meine Louise Millerin – und noch ein drittes, das ich innerhalb meiner Vertragzeit noch machen muss.

2. Der Contract dauert eigentlich ein Jahr, nämlich vom 1. September dieses Jahrs bis zum letzten August des nächsten; ich habe aber die Erlaubnis herausbedungen die heißeste Sommerzeit wegen meiner Gesundheit anderswo zuzubringen.

3. Ich erhalte für dieses eine fixe Pension von 300 Gulden, wovon mir schon 200 ausbezahlt sind, – Außerdem bekomme ich von jedem Stück, das ich auf die Bühne bringe, die ganze Einnahme einer Vorstellung, die ich selbst bestimmen kann, und welche nach Verhältnis 100 bis 300 Gulden betragen kann – Dann gehört das Stück dennoch mein und ich kann es nach Gefallen, wohin ich will, verkaufen und drucken lassen. Nach diesem Anschlag habe ich bis zu Ende Augusts 1784 die unfehlbare Aussicht auf 12-bis 1 400 Gulden, wovon ich doch 4 bis 500 auf Tilgung meiner Schulden verwenden kann.

Danken Sie mit mir Gott, meine Beste, dass er mir hier einen Ausweg eröffnet hat, durch Verbesserung meiner Umstände mich aus dem Wirrwar meiner Schulden zu reißen, und der ehrliche Mann zu bleiben.

Im Theater geh ich frei aus und ein, wie in meinem eigenen Hause. Sobald ich wieder ausgehen darf, werde ich einige neue Bekanntschaften von Stande machen, die mich kennen lernen wollen. Ich bin recht artig logiert – ach Beste! Wenn Sie mich einmal überraschen sollen. In einigen Wochen erwarte ich meine Schwestern und werde sie vielleicht 4 Wochen hier behalten. Dafür müssen sie mir aber Hemden machen und Strümpfe stricken – Kost, mit Wein und Kaffee, und Logis kommen mich das Vierteljahr auf 5 Carolin.

Meine Equipage nimmt mir aber viel Geld weg, weil ich noch gar nicht auf den Winter eingerichtet bin. Diese Ausgabe macht, dass Sie mit diesem Brief noch kein Geld bekommen, hingegen ist die halbe Einnahme von meinem Fiesko, der auf den Karneval gespielt werden wird, Ihnen bestimmt, wie auch die halbe Einnahme von meiner Louise Millerin. …

> Nunmehr 1 000 000 000 lebewohl, von Ihrem Sie ewig liebenden S.

AN LUDWIG FERDINAND HUBER

Mit der festen Stelle am Theater könnte sich Schillers Lage jetzt verbessern, immerhin werden sein »Fiesko« und »Kabale und Liebe« in Mannheim mit großem Erfolg aufgeführt. Aber er hat Pech: Im Sommer 1783 übersteht er die damals grassierende Malaria nur knapp und mit lebensgefährlich hohen Chinindosen; monatelang ist er nicht arbeitsfähig, dann bleibt das Theater wegen Überschwemmungen geschlossen. Und schließlich der härteste Schlag: Dalberg verlängert den Vertrag seines Theaterdichters nicht. Schiller ist entlassen und muss wieder von vorne anfangen.

In dieser prekären Lage kommt ihm die waghalsige Idee, eine Zeitschrift zu gründen. Davon verspricht er sich Existenzsicherung und Schuldenabbau. Ein riskantes Unternehmen, bei dem er sich, schon zum zweiten Mal, in das Abenteuer eines Selbstverlegers stürzt. Außerdem wird ein Ortswechsel aus anderen Gründen immer dringender. Da fallen ihm die vier unbekannten Fans aus Leipzig wieder ein, die ihm vor Monaten ein Päckchen mit erlesenen Geschenken geschickt haben. In einem Dankesbrief entschuldigt er sich elegant bei Ludwig Huber, einem der vier Leipziger, für sein siebenmonatiges Schweigen.

Mannheim, den 7. Dezember 1784

… Ihre Briefe, die mich unbeschreiblich erfreuten und eine Stunde in meinem Leben auf das angenehmste aufgehellt haben, trafen mich in einer der traurigsten Stimmungen meines Herzens, worüber ich Ihnen in Briefen kein Licht geben kann. Meine damalige Gemütsfassung war diejenige nicht, worin man sich solchen Menschen, wie ich *Sie* mir denke, gern zum erstenmal vors Auge bringt. Ihre schmeichelhafte Meinung von mir war freilich nur eine angenehme Illusion – aber dennoch war ich schwach genug zu wünschen, dass sie nicht allzuschnell aufhören möchte. Darum, meine Teuersten, behielt ich mir die Antwort auf eine bessere Stunde vor – auf einen Besuch meines Genius, wenn ich einmal, in einer schöneren Laune meines Schicksals, schöneren Gefühlen würde geöffnet sein. Diese Schäferstunden blieben aus, und in einer traurigen Stufenreihe von Gram und Widerwärtigkeit vertrocknete mein Herz für Freundschaft und Freude … Ein Zufall, ein wehmütiger Abend erinnert mich plötzlich wieder an Sie, und mein Vergehen, ich eile an den Schreibtisch Ihnen, meine lieben, diese schändliche Vergessenheit abzubitten, die ich auf keine Weise aus meinem Herzen mir erklären kann. Wie empfindlich musste Ihnen der Gedanke sein, einen Menschen geliebt zu haben, der fähig war, Ihre zuvorkommende Güte, so wie ich, zu beantworten! Wie mussten Sie Sich einer Tat reuen lassen, die Sie an den Undankbarsten auf dem Erdboden verschwendeten! – Aber nein. Das letztere bin ich niemals gewesen, und habe schlechterdings keine Anlage es zu sein. Wenn Sie nur wenige Funken von der Wärme übrig behielten, die Sie damals gegen mich hegten, so fordre ich Sie auf, mein Herz auf die strengsten Proben zu setzen, und mich diese bisherige Nachlässigkeit auf alle Arten wieder ersetzen zu lassen. …

Ich weiß nicht, ob Sie, meine Wertesten, nach meinem vergangenen Betragen mich noch der Fortsetzung Ihres Wohlwollens und eines ferneren Briefwechsels würdig halten können; doch bitte ich Sie mit aller Wärme, es zu tun. Nur eine engere Bekanntschaft mit mir und meinem Wesen kann Ihnen vielleicht einige Schatten derjenigen Idee zurückgeben, die Sie einst von mir hegten, und nunmehr unterdrückt haben werden. Ich habe wenig Freuden des Lebens genossen, aber (das ist das stolzeste, was ich über mich aussprechen kann) diese wenigen habe ich meinem Herzen zu danken.

… Wenn ich nur in einigen Zeilen Ihrer Verzeihung gewiss worden bin, so soll diesem Brief auf das schleunigste ein Zweiter folgen. Frauenzimmer sind sonst unversöhnlicher als wir, also muss ich den Pardon von Solchen Händen unterschrieben lesen.

Mit unauslöschlicher Achtung der Ihrige
Schiller

AN ANTON VON KLEIN, PROFESSOR DER WELTWEISHEIT

Weihnachten 1784 verbringt Schiller in einem Darmstädter Gasthof und liest der Hofgesellschaft auf Einladung von Herzog Carl August aus Sachsen-Weimar-Eisenach den ersten Akt des »Don Carlos« vor. Dafür verleiht ihm Carl August, auf Bitte Schillers, den Titel eines Rats – eine Auszeichnung ohne Funktion und Bezüge zwar, aber bezahlt macht sie sich doch. Der Überschuldete genießt damit wieder eine höhere Bonität.

Die Rechnung über den Aufenthalt im Gasthof »Zum Großen Trauben« ist noch erhalten. Ohne falsche Bescheidenheit haben sie zusammen Weihnachten gefeiert: der mittellose Dichter und sein ebenfalls abgebrannter Reisegefährte, Baron von Sandrart, ein wegen fragwürdiger Geldgeschäfte entlassener ehemaliger Entertainer des württembergischen Kronprinzen. »Sie ließen sich chauffieren, logierten im vornehmsten Gasthof Darmstadts, mieteten einen Lakai und tranken Champagner.« (Martin Schalhorn, Schiller in Darmstadt). Die beiden wussten allerdings vorher, dass der Herzog die Zeche übernehmen würde. Für einen, der so viel schuftet und entbehrt wie er, hat Schiller dies vermutlich für den angemessenen Lebensstil gehalten. Immerhin ist er erst 25 Jahre alt, aus heutiger Sicht beinahe noch ein Jugendlicher. Als er am 31. Dezember nach Mannheim zurückkehrt, macht Schiller sofort Gebrauch von seiner neuen Bonität und zeichnet einen weiteren Bittbrief erstmals mit »Rat«!

Mannheim, den 31. Dezember 1784

Die Veranlassung zu gegenwärtigem Billet ist von der Art, dass ich Sie, liebster Freund, recht sehr um Verzeihung bitten muss, Sie damit beunruhigt zu haben. Doch hoffe ich, werden Sie es mehr meiner Offenherzigkeit als meiner Impertinenz anrechnen, dass ich in einer Angelegenheit, die mich drängt, meine Zuflucht zu Ihrer Freundschaft nehme.

Aber zur Sache. Zwischen heut und morgen muss ich eine Ausgabe von 10 Louisdors machen, worauf mein Kredit beruht. Aber meine Kasse ist erschöpft, und vor dem Anfange des März habe ich keine Einnahme von Bedeutung mehr. Bis dahin, lieber Freund, muss ich mir das Geld vorschießen lassen, und die vielen Beweise Ihrer Güte gegen mich geben mir Hoffnung, dass Sie mir dazu behilflich sein werden. Ich bin hier eines teils noch in zu wenig Zirkeln bekannt, andern teils zu eigensinnig und zu sonderbar um die schwankende Philanthropie derjenigen auf die Probe zu setzen, die sich den Schein meiner Freunde geben. Sie kenne ich, und kenne Sie von der Seite, dass ich keinen Anstand nehme, Ihnen meine Verlegenheit anzuvertrauen, und Ihre Freundschaft für mich aufzurufen. Länger nicht als auf ein Vierteljahr will ich den Wechsel ausstellen, nach dessen Ablauf ich Ihnen entweder eine Assignation auf die Post geben oder das Geld bar erlegen kann. Im Fall, dass Sie selbst nicht in der Lage wären, mir den Vorschuss zu tun, so hoffe ich doch alles von Ihren Connexionen und gütigen Verwendungen. Ich selbst bin zu unbekannt und auch zu blöde, um für mich selbst negotieren zu können. Zählen Sie übrigens auf meine ganze Bereitwilligkeit, wenn der Fall kommen sollte, dass ich Ihnen Dienste erweisen kann.

Noch etwas. Im Fall dass man mich zu wenig kennen sollte, so wird ein reicher Kavalier für mich gut sagen.

Leben Sie wohl, lieber Freund, vergeben Sie mir meine Freiheit, und häufen Sie auch durch diese Dienstleistung die Verbindlichkeiten noch mehr, die Sie mir bis jetzt schon aufgelegt haben.

Ihr ergebenster
Schiller
Rat

AN CHRISTIAN GOTTFRIED KÖRNER

Im Februar 1785 schreibt Schiller den ersten Brief an Christian Körner, mit dem eine lebenslange Freundschaft beginnt. Wieder geht Schiller nach bewährter Manier vor: Großes Lob für den Adressaten und drastische Abwertung der eigenen Umstände. Dass er in Mannheim mutterseelenallein sei, ist schlicht gelogen. Die bisher beste Freundin seines Lebens hat er hier, Charlotte von Kalb, aber das ist gerade das Problem. So ekstatisch er aus Stuttgart an Dalberg geschrieben hat, so idealisiert er jetzt Leipzig, hebt Körner und die Freunde in den Himmel und verteufelt Mannheim und die Kollegen. Dabei spart er nicht mit Selbstkritik, die er so gewinnend formuliert, als sei sie eine Auszeichnung. Mittlerweile lasten die Probleme schwer auf ihm: der wachsende Schuldenberg, das Zerwürfnis mit dem Mannheimer Theaterensemble und vor allem die immer komplizierte Verbindung mit der verheirateten Charlotte von Kalb. Nur anderswo kann ein Neuanfang glücken.

Mannheim, den 10. und 22. Februar 1785

… Seit Ihren letzten Briefen hat mich der Gedanke nicht mehr verlassen wollen: »Diese Menschen gehören Dir, diesen Menschen gehörest Du«. – Urteilen Sie deswegen von meiner Freundschaft nicht zweideutiger, weil sie vielleicht die Miene der Übereilung trägt – Gewissen Menschen hat die Natur die langweilige Umzäunung der Mode niedergerissen. Edlere Seelen hängen an zarten Seilen zusammen, die nicht selten unzertrennlich und ewig halten. Große Tonkünstler kennen sich oft an den ersten Akkorden, große Maler an dem nachlässigsten Pinselstrich – edle Menschen sehr oft an einer einzigen Aufwallung. Doch vernünfteln möchte ich über meine Empfindung nicht gern. Ihre Briefe – und wir waren Freunde.

Ich kann nicht mehr in Mannheim bleiben. In einer unnennbaren Bedrängnis meines Herzens schreibe ich Ihnen, meine Besten. Ich kann nicht mehr hier bleiben. Zwölf Tage habe ichs in meinem Herzen herumgetragen, wie den Entschluss aus der Welt zu gehn.

Menschen, Verhältnisse, Erdreich und Himmel sind mir zuwider. Ich habe keine Seele hier, keine einzige, die die Leere meines Herzens füllte, keine Freundin, keinen Freund; und was mir vielleicht noch teuer sein könnte, davon scheiden mich Konvenienz und Situationen. – Mit dem Theater hab ich meinen Contract aufgehoben, also die ökonomische Rücksicht meines hiesigen Aufenthalts bindet mich nicht mehr. Außerdem verlangt es meine gegenwärtige Connexion mit dem guten Herzog von Weimar, dass ich selbst dahingehe und persönlich für mich negotiere, so armselig ich mich auch sonst bei solcherlei Geschäften benehme. Aber vor allem andern, lassen Sie michs frei heraussagen, meine Teuersten, und lächeln Sie auch meinetwegen über meine Schwächen – ich muss Leipzig und Sie besuchen. O meine Seele dürstet nach neuer Nahrung – nach bessern Menschen – nach Freundschaft, Anhänglichkeit und Liebe. Ich muss zu Ihnen, muss in ihrem nähern Umgang, in der innigsten Verkettung mit Ihnen mein eigenes Herz wieder genießen lernen, und mein ganzes Dasein in einen lebendigem Schwung bringen. Meine poetische Ader stockt, wie mein Herz für meine bisherige Zirkel vertrocknete. Sie müssen sie wieder erwärmen. Bei Ihnen will ich, werd ich alles doppelt, dreifach wieder sein, was ich ehmals gewesen bin, und mehr als das alles, o meine Besten, ich werde glücklich sein. Ich wars noch nie. Weinen Sie um mich, dass ich ein solches Geständnis tun muss. Ich war noch nicht glücklich, denn Ruhm und Bewunderung, und die ganze übrige Begleitung der Schriftstellerei wägen auch nicht einen Moment auf, den Freundschaft und Liebe bereiten – das Herz darbt dabei. Werden Sie mich wohl aufnehmen? …

Bis hierher haben Schicksale meine Entwürfe gehemmt. Mein Herz und meine Musen mussten zu gleicher Zeit der Notwendigkeit unterliegen. Es braucht nichts als eine solche Revolution meines Schicksals, dass ich ein ganz andrer Mensch – dass ich anfange, Dichter zu werden. …

Leben Sie recht wohl, ewig geliebt von Ihrem

Schiller

Schon im zweiten Brief an Ludwig Huber legt Schiller sein finanzielles Desaster rückhaltlos auf den Tisch. Das Geständnis, völlig pleite zu sein, gibt er als »Unterpfand« seiner Freundschaft aus. Mit einigen Notlügen und Übertreibungen versucht er noch einen Rest an Würde zu wahren. So ganz nebenbei kommt er zu der überraschenden Einsicht, dass er sich »zum Kaufmann … so wenig als zum Kapuziner« eigne.

Mannheim, den 28. Februar 1785

Ich wünsche und hoffe, mein Bester, dass Sie meinen Brief vom zehnten dieses Monats werden empfangen haben. Eh ich aber eine Antwort von Ihnen und Ihrer lieben Gesellschaft erwarten kann, fordert mich ein Hauptartikel noch zu einem Nachtrage auf.

Ob ich gegen Sie offen sein darf, wird vermutlich keine Frage mehr sein. Ich bin es, und das ist vielleicht das erste und entschiedenste Unterpfand meiner ausgezeichneten Freundschaft.

Wenn ich neben der leidenschaftlichen Begierde, Sie und Ihre Lieben von Angesicht zu Angesicht zu sehen und in ihrem Zirkel zu existieren, noch eine Ursache meiner Leipziger Reise in Anschlag bringen darf, so ist es diese, teils mich mit dem Herzog von Weimar auf einen gewissen Fuß zu arrangieren, teils durch das bestmöglichste Employ meiner Arbeiten meine Umstände in Ordnung zu bringen. Dieses letztere trifft vorzüglich meine Thalia, welche ich wegen dem mir äußerst lästigen Brief- und Krämerkommerz ganz an einen Buchhändler zu überlassen entschlossen bin, wenn ich auch einige 100 Taler jährlich dabei verlieren sollte. Zum Kaufmann schicke ich mich überhaupt so wenig als zum Kapuziner.

Außerdem bin ich Willens, vorzüglich durch meines guten Herzogs Mitwirkung förmlich Doktor zu werden, weil ich doch einmal ausstudiert habe, und nur noch dieser letzten Ölung bedarf.

Sehen Sie bester Freund, welche wichtige Veranlassungen mein

Finanzsystem hergibt, dass ich nach Leipzig reise – Die Wünsche meines Herzens, welche früher entschieden als jene alle, nicht mit gerechnet. Aber ich kann Mannheim nicht verlassen, ohne wenigstens 100 Dukaten verschleudern zu müssen, und außer dem ersten Hefte meiner Thalia, welches mir schwerlich mehr als 100 Taler auf den ersten Anlauf abwerfen kann, habe ich bis dahin keine Subsidien zu hoffen. So schnell ich auch meine Sache in Weimar persönlich durchsetzen könnte, so muss ich doch dahinreisen, und jene Auslagen zuvor gemacht haben. Meine Bekanntschaften und Freunde zu Mannheim kann und will ich auf diese Probe nicht setzen, oder ich liefe gefahr zum Zweitenmal Timon zu werden, und mit der Menschlichen Natur zu verfallen. Überdem sind die besten von ihnen meiner Philantropie mehr bedürftig, als ich der ihrigen. Meiner Familie kann ich keinen Vorschuss zumuten, denn mein Vater ist Offizier, und sein Degen ist seine Besoldung. Auch habe ich 3 Schwestern, denen die Existenz ihres Bruders schon mehr entzog, als sie wird hereinbringen können.

Ich glaube, mein Teurer, ich habe sie jetzt mit meiner ganzen Situation bekannt genug gemacht. Jetzt meine Bitte.

Ist es nicht möglich, dass Sie mir (auf Ihren oder meinen Namen – von Buchhändlern oder von andern Juden) ungefähr 300 Taler Vorschuss verschaffen können. Mein Plan ist dieser – alle 2 Monate bezahlte ich von meiner Thalia 50 Taler zurück mit landesüblichen Zinsen, bis die Schuld getilgt wäre. Die Bezahlung aber dürfte nur mit dem 3ten Hefte anfangen. Meiner ganzen Berechnung zufolge beläuft sich meine jährliche Einnahme von der Thalia auf ungefähr 800–900 Reichstaler nach Abzug der Unkosten. Wollte mir ein Buchhändler zu Leipzig den ganzen Verlag der Thalia abnehmen, so würde ich schnell aus dem Embarras sein – aber dieses kann doch eigentlich nur durch meine persönliche Gegenwart bewirkt werden, und diese Gegenwart ist ein Unding, wenn ich nicht jene Summe erhalten kann. Sie haben ohne Zweifel Verbindungen, denen Sie eine solche Dienstleistung zumuten können, welche ganz unwidersprechlich viel für mich entscheidet. Meine ganze Reise nach Leipzig hängt davon ab, und von dieser zuverlässig mein künftiges Schicksal. Doch was habe ich nötig Ihnen, mein liebster Freund, weitläuftige Deklamationen vorzulegen. Sehen Sie dieses freimütige Geständnis für das entscheidende Zeichen an, dass diese Sache unendlich wichtig für ihren Freund ist.

… Schreiben Sie mir mit dem schleunigsten, liebster Freund, was Sie ausrichten können, und wie bald – denn mir ist, über der Sehnsucht es zu verlassen, in Mannheim nicht anders zu mute, als den Ägyptern, da der Würgengel herumging. Da für mich beinahe alles durch die Erfüllung dieses Wunsches entschieden wird, so werden Sie keine andre Triebfeder mehr nötig haben, für mich tätig zu sein.

Körnern und unsern lieben Mädchen meine wärmsten Empfehlungen. Ewig der Ihrige

Schiller.

Für diesen Brief schämten sich Schillers Nachfahren so sehr, dass sie ihn lange nicht freigeben wollten. Wahrscheinlich fürchteten sie um den Ruf des Nationaldichters, der sich, sobald es um Geld ging, immer zu seinen Gunsten verrechnete und auf Pläne setzte, die nur allzu leicht scheitern konnten. Wie beim Thalia-Projekt zum Beispiel: Die Einkünfte setzt er zu hoch, die Ausgaben zu niedrig an, eine einzige Summe verplant er bedenkenlos mehrfach. Auf diesem Gebiet lernt er verblüffend langsam dazu. Ohne Körner hätte er den damals drohenden Absturz nicht bremsen können. Diskret begleicht dieser die Reisekosten und veranlasst den Verleger Göschen, die Zeitschrift »Thalia« in dessen Verlag zu übernehmen.

Mannheim, den 25. März 1785

... Ich bin Willens, bei meinem neuen Etablissement in Leipzig einem Fehler zuvorzukommen, der mir in Mannheim bisher sehr viel Unannehmlichkeit machte. Es ist dieser, meine eigne Ökonomie nicht mehr zu führen, und auch nicht mehr allein zu wohnen. Das erste ist schlechterdings meine Sache nicht – es kostet mich weniger Mühe, eine ganze Verschwörung und Staatsaktion durchzuführen, als meine Wirtschaft, und Poesie, wissen Sie selbst, ist nirgends gefährlicher als bei ökonomischen Rechnungen. Meine Seele wird geteilt, beunruhigt, ich stürze aus meinen idealischen Welten, sobald mich ein zerrissner Strumpf an die wirkliche mahnt. Fürs andere brauch ich zu meiner geheimen Glückseligkeit einen rechten wahren Herzensfreund, der mir stets an der Hand ist, wie mein Engel, dem ich meine aufkeimenden Ideen und Empfindungen in der Geburt mitteilen kann, nicht aber erst durch Briefe, oder lange Besuche erst zutragen muss. Schon der nichtsbedeutende Umstand, dass ich, wenn dieser Freund außer meinen 4 Pfählen wohnt, die Straße passieren muss, ihn zu erreichen, dass ich mich umkleiden muss und dergleichen, tötet den Genuss des Augenblicks, und die Gedankenreihe kann zerrissen sein, bis ich ihn habe. ...

Es fragt sich also; kann ich in Leipzig diesen Herzenswunsch in Erfüllung bringen? Wenn es möglich zu machen ist, dass ich eine Wohnung mit Ihnen beziehen kann, so sind alle meine Besorgnisse darüber gehoben. Ich bin kein schlimmer Nachbar, wie Sie Sich vielleicht vorstellen möchten; um mich in einen andern zu schicken, in meinen Freund vorzüglich, habe ich Biegsamkeit genug; und auch hie und da etwas Geschick, dies Fragment des Lebens, wie Yorik sagt, ihm verbessern und aufheitern zu helfen. Können Sie mir dann noch außerdem die Bekanntschaft von Leuten zuwege bringen, die sich meiner kleinen Wirtschaft annehmen mögen, so ist alles in Richtigkeit. – Ich brauche nichts mehr als ein Schlafzim-

mer, das zugleich mein Schreibzimmer sein kann, und dann ein Be-
suchzimmer. Mein notwendiges Hausgeräte wäre eine gute Kom-
mode, ein Schreibtisch, ein Bett und Sofa, dann ein Tisch und einige
Sessel. Hab ich dieses, so brauche ich zu meiner Bequemlichkeit
nichts mehr. Parterre und unter dem Dach kann ich nicht wohnen,
und dann möcht ich auch durchaus nicht die Aussicht auf einen
Kirchhof haben. Ich liebe die Menschen und also auch ihr Ge-
dränge. Wenn ichs nicht so veranstalten kann, dass wir (ich verstehe
darunter das fünffache Kleeblatt) zusammen essen, so würde ich
mich an die Table d'hôte im Gasthofe engagieren, denn ich fastete
lieber, als dass ich nicht in Gesellschaft (großer oder auserlesen guter) speiste.

Ich schreibe Ihnen dies alles, liebster Freund, um Sie auf meinen
närrischen Geschmack vorzubereiten, und Ihnen allenfalls Gelegenheit zu geben, hier und dort einen Schritt zu meiner Einrichtung voraus zu tun. Meine Zumutungen sind freilich verzweifelt
naiv, aber Ihre Güte hat mich verwöhnt. …

Ewig der Ihrige
Friedrich Schiller.

Schiller soll schüchtern und taktvoll gewesen sein. Dazu passt die Anspruchlichkeit nicht, mit der er jetzt wildfremde Menschen konfrontiert. Wie schafft er es bloß, dass sich wirklich jeder Mühe gibt, seine Wünsche zu erfüllen? So als sei es ein besonderes Verdienst, Schiller aus der Kreide zu helfen. Zur Meisterschaft im Betteln hat er es allerdings mittlerweile gebracht. Im Juli 1785 erlebt er eine völlig unerwartete Überraschung: »Ein Jahr wenigstens lass mir die Freude, Dich aus der Notwendigkeit des Brotverdienens zu setzen.« Schiller bekommt sein erstes Stipendium – von Christian Gottfried Körner, den er erst seit wenigen Wochen kennt und den er nicht darum gebeten hat!

Er hat unglaubliches Glück. Körner wird nicht nur sein Mäzen und Mentor, sondern auch sein bester und lebenslanger Freund.

Dass sich Schiller ausgerechnet Körner und seinem Freundeskreis so gut wie blind ausgeliefert hat, war sein verzweifeltster und folgenreichster Schritt aus der Misere. Immerhin konnte er ja nicht einfach googeln und erfahren, dass Körner wohlhabend und gebildet ist, sich besonders für Sturm und Drang-Literatur begeistert und über ein einflussreiches Netzwerk verfügt. Ein ebenso unglaublicher Zufall, dass auch Körner vom Dichter und Menschen Schiller begeistert ist, als sie sich schließlich kennenlernen. Schiller begreift sofort, wie gut das Schicksal es diesmal mit ihm meint. Seine Ode »An die Freude«, die auch »Ode an die Freunde« heißen könnte, setzt der Freundschaft mit Christian Körner, Ludwig Huber und den Schwestern Minna Stock und Dora Stock ein enthusiastisches Denkmal. Es hätte alles ganz anders kommen können. Fast wie im Märchen beginnt der Aufstieg zu einem Leben, das er erstmals weitgehend selber bestimmen kann.

III. »Bin ich nicht Herr meines Schicksals?«
Die »Weimarer Riesen« und eine geglückte Liebe (1787–1790)

Schon nach zwei Jahren in Körners Freundeskreis sehnt sich Schiller nach frischen Impulsen und einem fordernden Umfeld. Im Juli 1787 bricht er von Dresden nach Hamburg auf, wohin ihn der Intendant des National-theaters, Friedrich Ludwig Schröder, zur Mitarbeit am »Don Carlos« ein-geladen hat. Für Weimar ist nur ein kurzer Aufenthalt geplant, um die Ex-Geliebte Charlotte von Kalb, die jetzt dort lebt, zu besuchen und end-lich die berühmten Kollegen Wieland, Goethe und Herder kennenzuler-nen. Zur Weiterreise nach Hamburg ist es jedoch nie gekommen, Schiller bleibt sein Leben lang in Weimar-Jena hängen. Wie ein vibrierender Ex-zellenz-Cluster heute, übt die kleine Residenzstadt damals eine enorme Anziehungskraft auf Künstler und Wissenschaftler aus. Vom Kontakt mit den berühmten Kollegen verspricht sich Schiller viel. Empfehlungsschrei-ben trägt er nicht bei sich, aber Charlotte von Kalb hat das Netzwerk schon geknüpft und wird ihn in die gesellschaftlichen Kreise und bei Hof einführen. Die beiden nehmen ihre Liebesbeziehung wieder auf, und Schiller ist erstmal wie »betäubt und benommen« von der Nähe der »Weimarer Riesen«.

AN CHRISTOPH MARTIN WIELAND

Er kann es kaum erwarten, den großen Christoph Martin Wieland zu tref-fen. »Ich brenne vor Ungeduld, in seine Seele zu sehen«, lässt er Körner wissen. Vor allem aber hofft er, in Wieland einen Mentor zu finden, der ihm seine Zukunft als Dichter sichern hilft. Gleich nach der Ankunft in Weimar meldet er sich bei ihm:

Mein schönster Wunsch ist endlich erfüllt, ich bin dem Augenblick nahe, Sie, Vortrefflichster Mann, von Angesicht zu Angesicht zu sehen. Vorgestern traf ich hier ein, aber die Betäubung meines Kopfs von einigen schlaflosen Nächten untersagte mir diesen Genuss bis heute. Nicht gerne wollt ich eine Freude nur halb empfinden, die ich mir schon so lange aufgespart hatte. Lassen Sie mich durch den Überbringer erfahren, zu welcher Stunde dieses Nachmittags ich Ihnen nicht ungelegen komme. Wenn ich mir noch eine Bitte an Sie erlauben dürfte, so war es diese, dass Sie mir diese Stunde allein schenken möchten, weil ich nicht weiß, ob ich in Ihrer nähern Gegenwart für einen Dritten Sinn haben würde. Alsdann werde ich Sie auch bitten, mich im Kreis Ihrer liebenswürdigen Familie einzuführen.

Nicht wenig verlegen würde ich sein, mich jetzt Demjenigen zu nähern, von dessen guter Meinung und Liebe die besten Freuden meines zukünftigen Lebens, wie ich mir oft träume, abhängen sollen, vielleicht würde mich diese Furcht für mich selbst um den reinen Genuss Ihrer Gegenwart bringen, wenn ich nicht hoffte, dass Ihre Güte mich jeder Aufmerksamkeit auf mich selbst überheben werde.

F. Schiller.

Wieland gefällt Schillers charmant direkte Anfrage offensichtlich. Er empfängt ihn noch am selben Nachmittag, wie gewünscht, unter vier Augen. Ihre Zusammenarbeit lässt sich vielversprechend an: »Wir wollen aufeinander wirken«, schließt Wieland die erste Begegnung. Auch kümmert er sich um den in höfischer Etikette unbeholfenen Schiller. Als dieser den ersten Besuch bei Herzogin Anna Amalia ohne größere Pannen überstanden hat, schreibt er an Körner: »Es wurde viel schales Zeug geschwatzt.« Die Vorzüge der Weimarer Kontakte verkennt er jedoch nicht. Er nimmt sich eine Wohnung, einen »Bedienten, der zur Not schreiben kann« und plant, ein paar Monate zu bleiben. Dabei übernimmt er sich wieder finanziell. An Huber schreibt er so selbstbewusst wie selbstkritisch: »Das Resultat meiner hiesigen Erfahrungen ist, dass ich meine Armut erkenne aber meinen Geist höher anschlage, als bisher geschehen war. Dem Mangel, den ich in Vergleichung mit andern in mir fühle, kann ich durch Fleiß und Application begegnen und dann werde ich das glückliche Selbstgefühl meines Wesens rein und vollständig haben. … Um nun zu werden was ich soll und kann, werd ich besser von mir denken lernen und aufhören mich in meiner eigenen Vorstellungsart zu erniedrigen.«

AN CHARLOTTE VON LENGEFELD

Den Sommer 1788 verbringt Schiller in Rudolstadt und trifft sich fast täglich mit den Schwestern Charlotte von Lengefeld und Caroline von Beulwitz. Er verliebt sich, fast ohne es zu merken, in beide. Sie lesen gemeinsam Homer und aus dessen sprachlichem Fundus schöpft er, wenn er per
Brief den großen Verführer spielt. Briefe dieser Art verfehlten ihre Wir-
kung bei beiden Schwestern nicht.

Rudolstadt, August 1788

Wie haben Sie denn heute Nacht in Ihrem zierlichen Bette ge-
schlafen? Und hat der süße Schlaf Ihre lieben holden Augenlieder
besucht? Sagen Sie mirs in ein paar geflügelten Worten – aber ich
bitte Sie, dass Sie mir Wahrheit verkündigen. Lügen werden Sie
nicht sagen, denn Sie sind viel zu verständig.

Es ist heute wieder ein gar schöner Tag und er würde noch einmal so schön sein, wenn Sie recht heiter aufgestanden wären, und
sich mit uns desselben freuen wollten. Sind Sie aber noch nicht ganz
gut und nicht frei genug, um den Kopf, um sich mit sich selbst zu
beschäftigen oder zerstreut Sie vielleicht Gesellschaft, so lassen Sie
michs wissen, und wir leben denn den Tag so miteinander hin –
schwatzen, lesen und freuen uns, dass wir zusammen in der Welt
sind. Was macht Ihre Schwester? Klappert der Pantoffel schon um
ihre zierlichen Füsse, oder liegt sie noch im weichen schöngeglätte-
ten Bette? Adieu. Sind Sie noch nicht aufgestanden, so lassen Sie
mich nur mündlich wissen, wie Sie die Nacht zugebracht haben.
Lassen Sie auch den Garten aufschließen, ich habe eine Versuchung,
ein bisschen drin herum zu wandeln.

Leben Sie recht wohl!
S.

AN FRIEDRICH JUSTUS BERTUCH

Justus Bertuch, einer der wohlhabendsten Bürger Weimars, ist die erste Adresse für einen dringenden Bettelbrief. Als Schriftsteller, Verleger und Unternehmer versteht es Bertuch, Kultur und Kommerz erfolgreich zu verbinden. Auch er sagt nicht nein und schickt 50 Reichstaler. Die Außenstände aus Leipzig und Mannheim hat Schiller nicht erfunden. Zum Gläubiger hat er es immerhin schon gebracht.

Rudolstadt, den 22. Oktober 1788

Sie werden sagen, liebster Freund, dass es nicht gut sei, unser einem einen Gefallen zu erweisen, weil man so unverschämt ist und wieder kommt. Was Sie aber auch sagen mögen, so kenne ich Ihre Güte, worauf ich also jetzt frisch weg los sündigen will. Sie waren vorigen Winter so gütig, mir Geld auf eine Assignation nach Leipzig vorzuschießen, und haben mir eine große Gefälligkeit dadurch erzeigt. Ich bin wieder in dem Falle welches zu brauchen, und erst in 4 bis 6 Wochen geht mir in Leipzig ein.

Ein gewisser Herr von Dalberg aus Mannheim, den Sie auch kennen, hat mich diesen Herbst wieder mit einer Bezahlung sitzen lassen, worauf er mich von einem Vierteljahr aufs andre vertröstet hat. Können und wollen Sie so gütig sein, mir solange vorzustrecken? Hundert Reichstaler müsstens sein, und zwischen heute und acht Tagen wünschte ich sie zu haben. Haben Sie sie aber selbst nicht sogleich bar liegen, so wollte ich Sie bitten, sie mir für billiges Interesse von fremder Hand zu verschaffen. Ich möchte es aber nicht gern auf länger als allerhöchstem bis aufs Neujahr aufnehmen und verinteressieren, da ich sie vielleicht in 4 Wochen schon bezahlen kann. Ihnen, lieber Freund, sind diese Gelegenheiten bekannt, und ich kenne Ihre Güte, sich für einen guten Freund zu bemühen. Wenn es Sie nicht beschwert, so geben Sie mir durch den Boten, der retour nach Rudolstadt geht, in kurzen Worten Nachricht, ob ich es wohl erhalten kann, dass ich meine Sachen darnach einrichte. …

Sie sind doch gesund mit den Ihrigen? Empfehlen Sie mich Ihrer Frau recht schön, ich freue mich Sie wiederzusehen. Leben Sie recht wohl, und vor allen Dingen, verzeihen Sie mir mein indiskretes Bitten.

Ganz der Ihrige
Fr Schiller

AN CHRISTIAN GOTTFRIED KÖRNER

Jetzt kommt Schillers Karriere in Schwung: Im Mai 1789 wird er Professor für Geschichte (formal für Philosophie) an der Universität in Jena. Eine Professur ohne Bezüge allerdings, denn nur die Hörgelder der Studierenden fließen in seine Tasche. Seinem Freund Körner, der ausschließlich den Dichter in ihm sieht, muss er diesen Schritt schonend beibringen. Aber Schiller denkt seit kurzem ernsthaft an Heirat und dazu muss er eine solide bürgerliche Existenz vorweisen. Dem Freund Ludwig Huber erklärt er seinen Entschluss zum Brotberuf so: »Nie hätte ich diesen Schritt getan, wenn ich ihn nicht für die einzige Auskunft hielte, meine Schulden zu tilgen«.

Weimar, den 25. Dezember 1788

… Mein ganzes Absehen bei dieser Sache ist in eine gewisse Rechtlichkeit und bürgerliche Verbindung einzutreten, wo mich eine bessere Versorgung finden kann. Jena ist unter allen, die mir bekannt sind, dazu der einzig schickliche Platz. Mit 400 Talern kann ich gemächlich leben, es hetzt mich während eines Jahrs in akademische Berufsgeschäfte ein, und gibt mir gewissermaßen einen gelehrten Namen, der mir nötig ist, um gesucht zu werden…

Bei dem bisschen Namen, den ich bereits habe, wird mir das Prädikat als Jenaischer Professor, nebst einer oder der andern historischen Schrift, die ich über Jahr und Tag herausgebe, doch wahrscheinlich irgendwo eine Vocation zuziehen, die mit einem honorablen Fixum verbunden ist, oder die die Jenaische Akademie veranlasst, mir eins auszuwerfen. Es ist kaum möglich, dass mir dieser Plan fehlschlagen kann – und wie hätt ich auf meinem bisherigen Wege dazu gelangen können? Denke diesen Gründen nach, so wirst Du finden, dass die Sache eine unabstreitbare gute Seite hat und dass es sogar zu meinem Zwecke dient, mir für ein mittelmäßiges Gnadengeld keine Pflicht oder Verbindlichkeit aufgelegt zu haben.

… In Jena sind meine Bedürfnisse gar gering, weil das notwendige wohlfeil ist, und auf keinen Luxus gesehen wird. Ohne dass es ein Mensch gewahr wird, kann ich leben wie ein Student; alle gelehrte Bedürfnisse sind in reichem Maß vorhanden, und auch an leidlichem Umgang und guten Freunden wird mirs nicht fehlen. Von dieser Seite hat es viele Vorzüge für mich.

Ist erst ein Jahr überstanden, so gewinnt alles eine bessre Seite, und auch in diesem Jahr soll mir niemand anmerken, dass ich noch nachzuholen habe. Überhaupt muss jedermann nicht alles wissen!

Lebe wohl. Wenn Dir etwas beifällt, das ich nutzen kann, so schreibe mirs ja recht bald. Grüße mir die Weiber. Übrigens ist die Sache noch geheim zu halten.

Schiller.

AN CAROLINE VON BEULWITZ UND
CHARLOTTE VON LENGEFELD

Schiller steckt in einer kniffligen Situation: Er liebt *beide* Schwestern von Lengefeld, kann aber nur eine heiraten, zumal Caroline bereits (unglücklich) mit Herrn von Beulwitz verheiratet ist. Kurzfristig erwägt Schiller eine Vierer-WG. Körner lebt ja schließlich auch mit einem Geschwisterpaar zusammen! Doch im Hintergrund wird schon daran gearbeitet, das Ehe-Projekt Friedrich Schiller und Charlotte von Lengefeld auf ein solides Fundament zu stellen. Frau von Stein, die Taufpatin Charlottes, spricht beim Herzog vor, um für das junge Paar einen Zuschuss locker zu machen. Und Goethe hatte schon als Kultusminister bei Schillers Professur in Jena die Hand im Spiel.

Bei einem anderen Problem kann niemand helfen: Charlotte von Kalb, mit der Schiller immer noch eine enge und sehr hilfreiche Beziehung verbindet, ist ahnungslos. Sie will sich gerade wegen Schiller von ihrem Ehemann scheiden lassen. Angeblich erfährt sie erst einen Tag vor Schillers Hochzeit von der Verbindung mit der anderen Charlotte – und nicht von Schiller selbst!

Leipzig, den 3. August 1789

Dieser heutige Tag ist der erste, wo ich mich ganz ganz glücklich fühle. Nein! Ich habe nie gewusst, was glücklich sein ist, als heute. Ein einziger Tag verspricht mir die Erfüllung der zwei einzigen Wünsche, die mich glücklich machen können. Liebste teuerste Freundinnen, ich verlasse eben meinen Körner – meinen und gewiss auch den Ihrigen – und in der ersten Freude unsers Wiedersehens war es mir unmöglich, ihm etwas zu verschweigen, was ganz meine Seele beschäftigte. Ich habe ihm gesagt, dass ich hoffe – bis zur Gewissheit hoffe, von Ihnen unzertrennlich zu bleiben. In seiner Seele habe ich meine Freude gelesen, ich habe ihn mit mir glücklich gemacht. O ich weiß nicht, wie mir ist. Mein Blut ist in

Bewegung. Es ist das erstemal, dass ich diese so lang zurückgehalte-
nen Empfindungen gegen einen Freund ausgießen konnte. …

Ja Ihnen sollen alle meine Empfindungen gehören, alle Kräfte
meines Wesens sollen Ihnen blühen! In Ihnen will ich leben und
meines Daseins mich erfreun. Ihre Seele ist mein – und die meinige
ist Ihnen. Lassen Sie mich für meine Freunde mit angeloben. Auch
sie sind Ihnen, und Sie schenke ich meinen Freunden. Wie reich
werden wir durch einander sein!

Aber bestätigen Sie mir beide, dass meine Hoffnung mich nicht
zu weit geführt hat, sagen Sie mirs, dass ich Sie ganz verstanden
habe, dass Lotte mein sein will, dass ich sie glücklich machen kann.
Noch misstraue ich einer Hoffnung, einer Freude, von der ich noch
keine Erfahrung habe; Lassen Sie meine Freude bald auch von dieser Furcht ganz rein sein. Sie können nicht handeln wie gewöhnli-
che Menschen, Sie brauchen also auch gegen mich nichts als Wahrheit, wir dürfen alle diese Umständlichkeiten überspringen und
unsre Seelen frei und rein vor einander entfalten. …

Ich habe hier niemand gesprochen als Körnern. Seine Frau und
Schwägerin sind in einer Gesellschaft, wo sie nicht los kommen
können. Fast ist mirs lieb, so bin ich ganz allein bei meiner Freude,
adieu!

Schiller.
Meine addresse: Prof. Schiller im Joachimsthal wohnhaft.

AN JOHANN KASPAR SCHILLER

Am 23. 12. 89 bittet Schiller Herzog Carl August erfolgreich um finanzielle Unterstützung, und so erhält er ab Januar 1790 von diesem ein festes Gehalt von 200 Reichstalern im Jahr. Seinem Vater berichtet Schiller stolz und bescheiden zugleich von seiner bevorstehenden Heirat. Sicher hofft er, den Vater mit dieser guten Nachricht auch für den gewaltigen Ärger zu entschädigen, den er ihm noch vor 6 Jahren, 1784, beschert hat. Damals hatte der Vater keine andere Wahl, als die Stuttgarter Gläubiger zu befriedigen, was ihn selbst fast in den Bankrott getrieben hätte. Wütend schrieb er damals dem Sohn, dass er keinen Deut mehr auf dessen »Aussichten, Hoffnungen, Pläne, Versprechungen« geben würde, die alle »jeden Wirklichkeitssinn vermissen« ließen.

Jena, den 7. Januar 1790

… Ich hoffe, liebster Vater, der Brief den ich vor ungefähr 3 oder 4 Wochen an Sie abschickte, und worin ich Ihnen von meiner Verbindung mit Lottchen Lengefeld Nachricht gab, ist jetzt in Ihren Händen und er hat etwas zu Ihrer Beruhigung beigetragen. Der Herzog interessiert sich sehr für meine Heirat. Ich war kürzlich bei ihm, und habe eine jährliche Pension von 200 Reichstalern von ihm erhalten; die schöne Art womit er mir dieselbe gab, muss ihren Wert bei mir erhöhen. Lottchen, die mit ihrer Schwester diesen Winter in Weimar zubringt, und ihn dort öfters bei Hofe spricht, begegnet er mit sehr viel Teilnahme und Achtung.

Dass ich auch jetzt schon darauf denke, meine Umstände immer besser zu machen, können Sie nicht missbilligen. Ich bin mir selbst schuldig, alles aus mir zu machen, was aus mir werden kann, und dazu gehört auch die äußre Lage. Die Zufriedenheit mit meinen jetzigen Umständen darf mich nicht hindern, noch nach einer Verbesserung zu streben. Ich betrachte meine jetzige Versorgung als eine Stufe zu einem noch wichtigen Wirkungskreis, und diesen zu erreichen, wird es an meinem Fleiß nicht fehlen.

Vielleicht kann ich Ihnen schon in einem Monat schreiben, dass ich getraut bin. Äußerliche Hindernisse gibt es jetzt keine mehr; wenn meine Schwiegermutter mit der Einrichtung ihrer Tochter bis dahin fertig ist, so kann die Verbindung vor sich gehen. Sonst ist Ostern der längste Termin. Werden Sie meinen Wunsch wohl genehmigen und mir die Nanette hierher schicken. Jetzt da die liebste Mutter besser ist, wird es weniger Schwierigkeiten damit haben.

Ich lege Ihnen einen Brief von meiner künftigen Frau bei, die sich unbekannterweise Ihre Liebe ausbittet. Sie ist jetzt Ihre Tochter und gewiss eine gute Tochter, die Ihnen Freude machen wird.

Der Himmel segne Sie mit tausendfältigem Segen bester Vater, und schenke meiner teuern Mutter ein heitres schmerzenfreies Leben. Darum bittet mit vollem Herzen

Ihr gehorsamer und
ewig dankbarer Sohn
Fritz.

Schiller ist klar, dass er aufgrund seiner finanziellen Verhältnisse alles andere als ein Wunschkandidat von Charlottes Mutter Louise von Lengefeld ist. Als er am 18. Dezember 1789 in einem Brief offiziell um die Hand ihrer Tochter anhält, spricht er deshalb nur von seiner Liebe zu Charlotte und nichts anderem. Jetzt aber kann er nicht mehr warten und drängt bei seiner zukünftigen Schwiegermutter auf einen früheren Hochzeitstermin. Mit erstaunlichem Realitätssinn schildert er ihr die zukünftigen Lebensverhältnisse Charlottes an seiner Seite. Nicht ganz wie Jean Paul Sartre und Simone de Beauvoir, aber ebenfalls unbeschwert von der Bürde eines Haushalts fängt das Eheleben für Charlotte an.

Jena, den 7. Januar 1790

Ihr Stillschweigen auf meinen letzten Brief, meine teuerste Mutter, macht mich unruhig und ungewiss, ob ich durch das Detail meiner Umstände, welches ich Ihnen darin gab, Ihre Sorgen wegen der Zukunft, wie ichs wünschte, gehoben habe. So gewiss ich selbst überzeugt bin, dass von dieser Seite nichts unser Glück wird stören können, so gehört es doch unumgänglich zu meiner Beruhigung, dass Sie mit mir davon überzeugt sind, und für Lottchens äußre Lage nichts fürchten. Vielleicht aber erwarteten Sie nur, bis ich Ihnen das, was ich in meinem Brief als bloße Hofnungen angab, zur völligen Gewissheit machen würde. Dieses kann ich jetzt, der Herzog hat mir eine Pension von 200 Talern ausgesetzt, welches freilich nicht viel ist, aber doch genug um, neben dem übrigen, zu unserer Subsistenz hinzureichen, und alles, was ich für jetzt mit Billigkeit von ihm verlangen kann.

… Wenn Sie aber über diesen Umstand befriedigt sind, meine verehrteste Mutter, so erlauben Sie mir noch eine Bitte. Lassen Sie mich bald, lassen Sie mich gleich jetzt im Besitz meiner Wünsche sein. Von außen hindert unsre Verbindung jetzt nichts mehr; meine

Lage wird sich auch in diesem Jahre nicht weiter verbessern, dass ein längerer Aufschub dadurch gerechtfertigt würde. Aber wieviel wird für meine, und ich darf sagen, auch für Lottchens Glückseligkeit gewonnen, wenn wir gleich jetzt zusammen leben können. Hier in Jena sind die notwendigsten Anordnungen in wenigen Wochen gemacht. Ich behalte meine gegenwärtige Wohnung, weil dieses Haus in jedem Betrachte eines der besten ist, die ich hier finden könnte. Bloß einige Zimmer mehr brauche ich zu mieten, und ich kann sie auf derselben Etage haben. Mein Logis ist möbliert und recht anständig, so dass ich die Möbel auch ferner behalten kann; ich wäre nicht dafür, jetzt gleich etwas auf eigne Möbel zu verwenden. Eben so wenig wäre es nötig dächte ich, sogleich eine eigene Menage anzufangen. Ich habe bisher einen recht guten Tisch in meinem Hause gehabt, und um einen überaus billigen Preis. Mit 12 Talern des Monats glaube ich Mittag und Abendtisch bestreiten zu können. Wieviel Umstände werden dadurch erspart. Ich brauche dann nur eine Domestique für Lottchen; im Hause finde ich alle sonst nötige Bedienung. Die übrigen Artikel z.B. Wäsche, haben hier alle eine so billige Taxe, dass man bei einer kleinen Haushaltung, wie die unsrige sein wird, fast besser tut, sie außer dem Hause besorgen zu lassen.

Sie sehen, dass von dieser Seite keine Verzögerung statt finden wird. Es wird also bloß von Ihrer Güte abhängen, meine teuerste Mutter, ob wir uns unsrer Vereinigung bald zu erfreuen haben sollen. Wenn Ihnen meine Glückseligkeit etwas gilt, so lassen Sie mich die vielen Freuden in Anschlag bringen, womit Lottchen mein jetziges verlassenes Dasein in Jena verschönern wird. … Sollen Lottchen und Caroline jetzt zu Ihnen nach Rudolstadt kommen, und wollen Sie mir erlauben, dass ich sie dort aus Ihren Händen empfange? Entscheiden Sie, und erfreuen Sie mich bald mit Ihrer gütigen Antwort.

Voll Dankbarkeit Verehrung und Liebe
ewig der Ihrige
Schiller.

Bereits am 22. Februar 1791 findet die Trauung äußerst bescheiden in der kleinen Dorfkirche von Wenigenjena statt. Zur Hochzeit schenkt Louise von Lengefeld dem Paar einen jährlichen Zuschuss von 150 Reichstalern. Langsam läppert sich eine verlässliche Summe zusammen. Schiller lebt nicht mehr am Existenzminimum.

IV. »Du musst wissen, dass ich hier etwas gelte«
Aus Jena an die »ersten Köpfe der Nation« (1791–1799)

AN GEORG JOACHIM GÖSCHEN

Anfang Januar 1791 erkrankt Schiller an einer schweren Lungenentzün-
dung, von der er sich nie mehr richtig erholt. Die Krankheit und das ärzt-
liche Gebot nehmen ihm anscheinend jede Hemmung. Schiller bestellt
bei seinem Verleger einen Pelz. Auf Göschens Rückfrage erklärt Schiller
noch genauer, wie er sich den Pelz wünscht, und genauso bekommt er ihn
auch.

Jena, den 19. Februar 1791

Liebster Freund,
Ich dachte, ich könnte bei Ihnen Pelze bestellen, wie Sie bei mir etwa
einen Geisterseher oder 30jährigen Krieg, kurz und einsilbig. Alles,
weil ich es selbst nicht genau zu bestimmen wusste, sollte Ihrem
Geschmack überlassen sein. Ich bitte Sie also, um mein Versehen zu
verbessern, mir einen ganzen und eigentlichen Pelz, Futter sowohl
als Aufschlag von Fuchs, zu besorgen. Der Aufschlag müsste wo
möglich von der Kehle des Fuchses, die heller ist als das übrige Fell,
genommen werden können. Es ist zu einer Piqueche und nicht zum
Curé und ich bitte Sie, es dem Manne, ders besorgt aufzutragen,
dass auf meine Länge Rücksicht genommen wird und der Pelz nicht
zu knapp ausfällt. Den Zeug zum Überzug habe ich hier schon ge-
kauft, ich brauche also nichts als den bloßen Pelz, welchen ich Ihnen, mir ja mit der Montagspost zu schicken ans Herz lege. Seien
Sie gesund wenn dieser Brief ankommt und leben Sie indessen
herzlich wohl. Für jetzt nichts mehr. Ihr ewig ergebner

Schiller

Krankheit bedeutet auch finanziell immer noch ein Desaster. Da Schiller grundsätzlich über seine Verhältnisse lebt, treffen ihn Arztrechnungen und notwendige Kuren besonders hart, zumal er noch immer keine Rücklagen gebildet hat. Immerhin gewährt der Herzog einen einmaligen Zuschuss von 250 Talern, als Schiller ihn bittet, die seit Januar 1790 jährlichen 200 Reichstaler zu erhöhen. Bereits am 27.8.1791 hat er Göschen um einen Vorschuss von 500 Reichstalern gebeten: »Ich weiß wohl, (…) dass ich durch diese vielen Vorschüsse sehr tief bei Ihnen in die Kreide komme, aber Sie erlaubten mir, mich ohne Umstände an Sie zu wenden«.

Erfurt, den 6. September 1791

Nur wenige Zeilen, lieber Körner, um Euch wieder ein Lebenszeichen zu geben. … Es ist mir jetzt durchaus unmöglich, wie bisher mich auf meine schriftstellerischen Einkünfte zu verlassen; denn so beträchtlich diese auch sind, so lange ich vollkommen gesund bin, so fehlen sie mir doch ganz in der Krankheit. Ich habe dies auf des Coadjutors Anraten dem Herzoge geschrieben und förmlich um eine Besoldung angesucht, die hinreichend ist, mich im äußersten Notfall außer Verlegenheit zu setzen. Kann er mir sie nicht bewilligen, so muss ich sie anderwärts suchen, wie viel Mühe es auch kosten mag. Was er kann, wird er ohne Zweifel tun; denn ich weiß, dass der ganze Hof gut für mich gesinnt ist. Wo aber nicht, so werde ich in Mainz, Wien, Berlin oder Göttingen mein Glück aufsuchen.

Wenn ich nur Funken jetzt bezahlen könnte, da er's so nötig braucht; aber es ist mir jetzt ganz unmöglich. Mauke hat mir an den 2 Bänden des Sully noch etwas über den 4ten Teil zu bezahlen, und versichert, dass er es vor der Ostermesse nicht im Stande sei. Das schon Bezahlte habe ich für mich verbraucht, weil ich hoffte, Funken mit dem noch zu Bezahlenden und in einer andern Frist einlaufenden Summe befriedigen zu können. Aber meine Krankheit kam dazwischen, und diese muss mich entschuldigen. Wenn er übrigens nur noch einige Monate warten kann, so will ich schon Rat schaffen. Dieses Jahr, Du wirst es kaum glauben, kostet mir 1 400 Taler, außer dem was die Versäumnis mir kostet. Glücklicherweise habe ich diesen außerordentlichen Stoß ausgehalten, ohne Schulden zu machen, ja ich habe noch 90 Taler an alten Schulden und 120 als Bürge für einen andern bezahlt. Mit Göschen bin ich zwar etwas stark in der Kreide, aber doch so, dass wir mit Neujahr quitt sein können. Tröste also Funk, ich werde tun, was möglich ist. Herzliche Grüße von uns beiden an Minna und Dorchen

Dein
S.

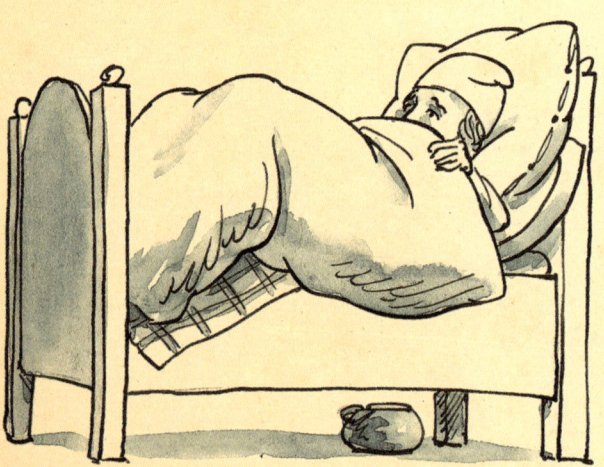

Jena, den 13. Dezember 1791

Ich muss Dir unverzüglich schreiben, ich muss Dir meine Freude mitteilen, lieber Körner. Das, wonach ich mich schon so lange ich lebe auf's Feurigste gesehnt habe, wird jetzt erfüllt. Ich bin auf lange, vielleicht auf immer aller Sorgen los; ich habe die längst gewünschte Unabhängigkeit des Geistes. Heute erhalte ich Briefe aus Kopenhagen vom Prinzen von Augustenburg und vom Grafen von Schimmelmann, die mir auf drei Jahre jährlich tausend Taler zum Geschenk anbieten, mit völliger Freiheit zu bleiben wo ich bin, bloß um mich von meiner Krankheit völlig zu erholen. Aber die Delikatesse und Feinheit, mit der der Prinz mir dieses Anerbieten macht, könnte mich noch mehr rühren, als das Anerbieten selbst. Sie wünschen zwar, dass ich in Kopenhagen leben möchte, und der Prinz schreibt, dass, wenn ich dann angestellt sein wollte, man dazu Rat schaffen würde, – aber dies geht sobald nicht, da meine Verbindlichkeit gegen den Herzog von Weimar noch zu neu ist, und noch vieler anderen Ursachen wegen. Aber hinreisen werde ich doch, wenn es auch erst in einem oder zwei Jahren geschieht.

Wie mir jetzt zu Mute ist, kannst Du denken. Ich habe die nahe Aussicht, mich ganz zu arrangieren, meine Schulden zu tilgen und, unabhängig von Nahrungssorgen, ganz den Entwürfen meines Geistes zu leben. Ich habe endlich einmal Muße zu lernen und zu sammeln, und für die Ewigkeit zu arbeiten. Binnen drei Jahren kann ich dann entweder in Dänemark eine Versorgung finden, oder es fällt mit Mainz etwas vor – und dann bin ich auf zeitlebens gedeckt. … Deinen Brief, den ich heute erhielt, beantworte ich das nächstemal. Tausend Grüße an Minna und Dorchen, von mir und meiner Lotte.

Ewig Dein S.

Der Freund erfährt als erster von dem Glück, das die beiden Dänen, der Prinz von Augustenburg und Graf von Schimmelmann, Schiller beschert haben. Ein großzügiges Stipendium über drei Jahre schenken sie ihm. Die beiden Förderer kannten Schillers Werke und fühlten eine so große Nähe zu ihm, dass sie den kranken und mittellosen Dichter für eine Zeit von den leidigen Unterhaltssorgen befreien wollten. Schiller sieht sich im Überschwang gleich von allen »Nahrungssorgen, vielleicht auf immer« befreit. Am meisten beglückt ihn aber die zukünftige »Unabhängigkeit des Geistes«, die für ihn die unbeschwerte Kant-Lektüre bedeutet. Nach Dänemark wird er nie fahren, auch nicht, als die Geber das Stipendium um ein Jahr verlängern. Aber Schiller lässt sich nicht lumpen und widmet dem Prinzen von Augustenburg die schönste seiner philosophischen Schriften, »Über die ästhetische Erziehung des Menschen«.

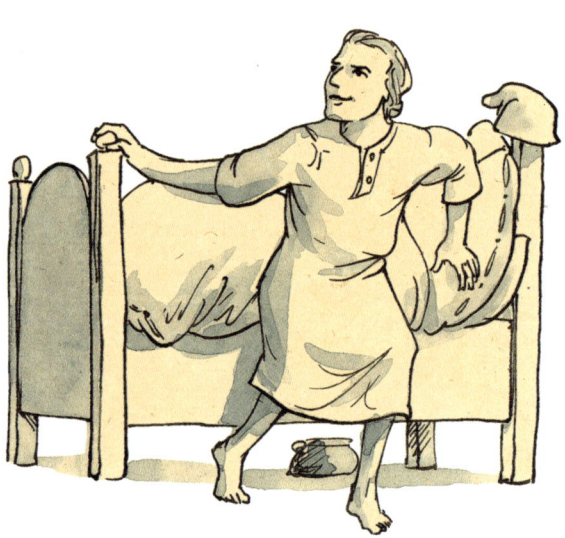

Schiller zieht alle Register, um den von ihm so hochgeschätzten Philosophen Immanuel Kant für die Mitarbeit an seiner neuen Kulturzeitschrift »Die Horen« zu gewinnen. Bei diesem Zeitschriftenprojekt geht er professioneller und taktisch klüger vor als bei den anderen Zeitschriften-Gründungen. Nur die Elite soll mitarbeiten dürfen, und Exklusivität wird das zugkräftige Gütesiegel sein. Kant lässt sich Zeit und antwortet erst ein Jahr später, nachdem sich Schiller zweimal in Erinnerung bringen musste, und verspricht Beiträge zu liefern. Ein Versprechen, das er nicht gehalten hat

Jena, den 13. Juni 1794

Aufgefordert von einer Sie unbegrenzt hochschätzenden Gesellschaft, lege ich Euer Wohlgeboren beiliegenden Plan einer neuen Zeitschrift und unsre gemeinschaftliche Bitte vor, dieses Unternehmen durch einen, wenn auch noch so kleinen, Anteil befördern zu helfen. Wir würden nicht so unbescheiden sein, diese Bitte an Sie zu tun, wenn uns nicht die Beiträge, womit Sie den deutschen Merkur und die Berliner Monatschrift beschenkt haben, zu erkennen gäben, dass Sie diesen Weg, Ihre Ideen zu verbreiten, nicht ganz verschmähn. Das hier angekündigte Journal wird aller Wahrscheinlichkeit nach von einem ganz andern Publikum gelesen werden, als dasjenige ist, welches sich vom Geist Ihrer Schriften nähret, und gewiss hat der Verfasser der *Kritik* auch diesem Publikum manches zu sagen, was nur Er mit diesem Erfolge sagen kann. Möchte es Ihnen gefallen, in einer freien Stunde sich unsrer zu erinnern, und dieser neuen literarischen Sozietät, durch welchen sparsamen Anteil es auch sei, das Siegel Ihrer Billigung aufzudrücken.

Ich kann diese Gelegenheit nicht vorbei gehen lassen, ohne Ihnen, verehrungswürdigster Mann für die Aufmerksamkeit zu danken, deren Sie meine kleine Abhandlung gewürdigt, und für die

Nachsicht, mit der Sie mich über meine Zweifel zurecht gewiesen haben. … Nehmen Sie, vortrefflicher Lehrer, schließlich noch die Versicherung meines lebhaftesten Danks für das wohltätige Licht an, das Sie in meinem Geist angezündet haben; eines Danks, der wie das Geschenk, auf das er sich gründet, ohne Grenzen und unvergänglich ist.

Ihr aufrichtiger Verehrer
Fr. Schiller.

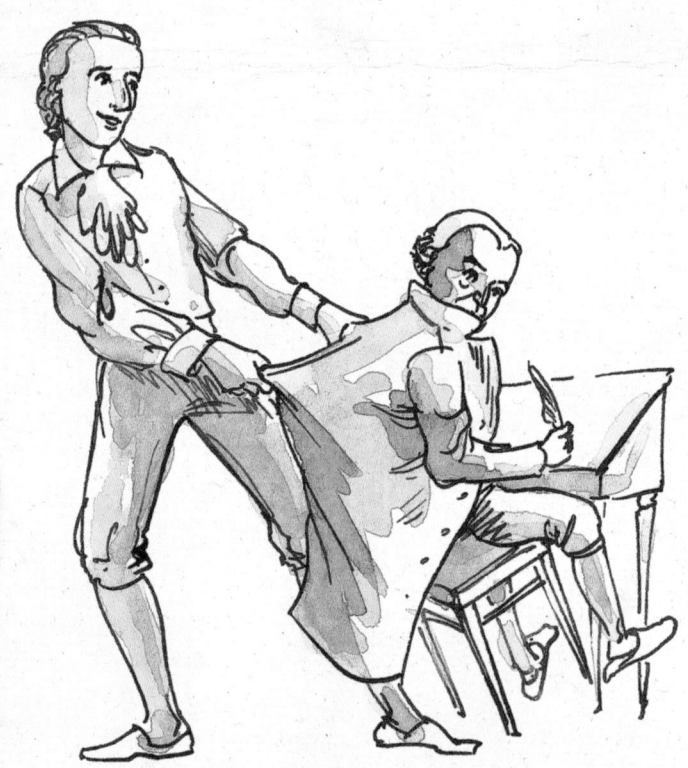

AN JOHANN WOLFGANG VON GOETHE

Noch am selben Tag schreibt Schiller auch an Goethe, den er unbedingt für den Herausgeberkreis der Zeitschrift gewinnen möchte. An diesen ersten Brief mit der höflichen Einladung zur Mitarbeit knüpft er vor allem die Hoffnung auf eine Zusammenarbeit mit dem größten der »Weimarer Riesen«. Bisher ist jeder Kontaktversuch am Desinteresse Goethes gescheitert.

Jena, den 13. Juni 1794

Hochwohlgeborner Herr,
hochzuverehrender Herr Geheimer Rat.
Beiliegendes Blatt enthält den Wunsch einer Sie unbegrenzt hochschätzenden Gesellschaft, die Zeitschrift von der die Rede ist, mit Ihren Beiträgen zu beehren, über deren Rang und Wert nur Eine Stimme unter uns sein kann. Der Entschluss Euer Hochwohlgeboren, diese Unternehmung durch Ihren Beitritt zu unterstützen, wird für den glücklichen Erfolg derselben entscheidend sein, und mit größter Bereitwilligkeit unterwerfen wir uns allen Bedingungen unter welchen Sie uns denselben zusagen wollen.
Hier in Jena haben sich die H. H. Fichte, Woltmann und von Humboldt zur Herausgabe dieser Zeitschrift mit mir vereinigt, und da, einer notwendigen Einrichtung gemäß, über alle einlaufenden Manuskripte die Urteile eines engern Ausschusses eingeholt werden sollen, so würden Euer Hochwohlgeboren uns unendlich verpflichten, wenn Sie erlauben wollten, dass Ihnen zu Zeiten eins der eingesandten Manuskripte dürfte zur Beurteilung vorgelegt werden. ... Hochachtungsvoll verharre ich

Euer Hochwohlgeboren gehorsamster Diener und
aufrichtigster Verehrer
F. Schiller

Goethe sagt schon nach einigen Tagen zu. Und wenige Wochen später, nach einem eher zufälligen Treffen auf einem Kongress in Jena, beginnt die Freundschaft zwischen Schiller und Goethe, die außergewöhnlichste Verbindung in der deutschen Literaturgeschichte. Beide werden es später ein »glückliches Ereignis« nennen.

Von ihrer zehnjährigen Freundschaft, die aus diesem ersten Kontakt entsteht, sind insgesamt 473 Briefe Schillers an Goethe erhalten. Allerdings sind sie im Tonfall nie so vertraulich und persönlich wie an Körner, mit dem Schiller sich geduzt hat, was mit Goethe nie der Fall war, obwohl die beiden sich nach seinem Umzug nach Weimar im Jahr 1799 fast täglich gesehen haben.

Apropos Schulden – bei Goethe stand Schiller, soviel wir wissen, nur einmal in der Kreide, und zwar mit einem vergleichsweise niedrigen Betrag. Den hat er ungewöhnlich schnell zurückbezahlt, vermutlich wollte er Goethe nichts schuldig sein.

AN JOHANN FRIEDRICH COTTA

Für die »Horen« sollen nur die »ersten Köpfe der Nation« schreiben: die Humboldt-Brüder, Fichte, Herder, Körner, Wieland oder Goethe zum Beispiel. Aber auch der literarische Nachwuchs drängt in den Kreis der Autoren. Doch jetzt ist Schiller nicht mehr bereit, Zugeständnisse an den Publikumsgeschmack und Platz für die neuen Ideen der Jüngeren zu machen. Streng wacht er darüber, dass die literarischen Standards, die er gemeinsam mit Goethe entwickelt hat, nicht von »Parvenues und Grünschnäbeln« verwässert werden.

Als Herausgeber und Chefredakteur der »Horen« berechnet Schiller die Honorare und hält zusammen mit dem Verleger Cotta die Fäden in der Hand. Sein Arbeitsfuror ist seit der Freundschaft mit Goethe kaum zu bremsen. Auch der hat wieder Feuer gefangen und seine stagnierenden Projekte aus der Schublade geholt. Schiller steht jetzt mit den meisten der einflussreichen Geistesgrößen Deutschlands in Kontakt und wird in Kürze, zusammen mit Goethe, die bestimmende Figur der Kulturszene sein.

Dass seine Einnahmen trotzdem weder seinen Ausgaben noch seiner eisernen Schreibdisziplin entsprechen, hindert ihn keineswegs daran, mit Goethe das »Projekt Klassik« zu verwirklichen und Weimar zum Zentrum der westeuropäischen Avantgarde zu machen.

Jena, den 29. März 1795

Das dritte Stück der Horen habe ich erhalten, und heute geht neues Manuskript an Sie ab. Die letzten Lieferungen werden, hoffe ich, zu rechter Zeit angelangt sein. Von dem Aufsatz, dessen Anfang Sie heute erhalten, sind noch etwa anderthalb Bogen zurück, die auf den nächsten Freitag abgehen. Dann ist das 4te Stück fertig.

Ich danke Ihnen für Übersendung des Geldes. Morgen erwarte ich es nebst dem Transport der Horen. Wieviel auf die Ostermesse für die Autoren zu bezahlen ist, kann ich Ihnen noch nicht ganz bestimmt sagen, weil Goethe sich noch nicht erklärt hat, wieviel er verlangt. Wenn wir 4 Hefte zusammen nehmen so wird es wahrscheinlich betragen:

Für Goethe sechs Bogen	48 Louisdors
für Schlegel vier Bogen	20 Louisdors
für Herrn v. Humboldt fünf Bogen	30 Louisdors
für Fichte ein Bogen	6 Louisdors
für Meyer ein und $3/8$ Bogen	8 Louisdors
für Herder ein, $1/4$ Bogen	8 Louisdors
für Engel $5/8$ Bogen	4 Louisdors

Wenn Sie hier sind, wollen wir es dann genauer berechnen; aber ich halte es für gut, dass die 4 ersten Stücke auf Ostern ganz bezahlt werden, und alsdann vor Ostern 1796 keine neue Zahlung mehr geschieht. So kommt diese Sache in Ordnung.

Wenn Sie außer diesem Gelde noch 100 Reichstaler für mich mitbringen wollen, so wird mir das sehr lieb sein. Ich will dann auch bis auf Ostern 96 warten.

… Ich habe unter Ihren Verlagsschriften auch eine Sammlung von Reisebeschreibungen gefunden. Diese bitte ich mir von Ihnen aus.

Von dem 3ten Stück seien Sie so gut, mir noch 3 Stücke nachzuschicken, 1 für die hiesige Post, welches kürzlich bestellt worden (die 2 ersten habe ich von den vorrätigen hergegeben) und die zwei andern für Schlegel und Engel, weil diese Autoren Aufsätze in diesem Stücke haben und also ein frei Exemplar von dem Stücke bekommen.

Schiller

In engem Austausch mit Goethe stürzt sich Schiller auf die jahrelange Arbeit an der *Wallenstein*-Trilogie, und zusammen dichten beide im sogenannten »Balladenjahr« 1797 ihre berühmten Balladen. Schiller plant unterdessen einen zweiten Wohnsitz in Weimar. Er wünscht, näher bei Goethe und dem dortigen Theaterleben zu sein. Außerdem fühlt er sich wieder ganz als Dichter, der dringend »geistreichen Umgang« braucht, den er nur in Weimar zu finden glaubt. Das muss der Herzog doch einsehen und für die doppelte Haushaltsführung aufkommen.

Jena, den 1. September 1799

Durchlauchtigster Herzog, Gnädigster Fürst und Herr,
Die wenigen Wochen meines Aufenthalts zu Weimar und in der größern Nähe Eurer Durchlaucht im letzten Winter und Frühjahr haben einen so belebenden Einfluss auf meine Geistesstimmung geäußert, dass ich die Leere und den Mangel jedes Kunstgenusses und jeder Mitteilung, die hier in Jena mein Los sind, doppelt lebhaft empfinde. Solange ich mich mit Philosophie beschäftigte, fand ich mich hier vollkommen an meinem Platz; nunmehr aber, da meine Neigung und meine verbesserte Gesundheit mich mit neuem Eifer zur Poesie zurückgeführt haben, finde ich mich hier wie in eine Wüste versetzt. Ein Platz, wo nur die Gelehrsamkeit und vorzüglich die metaphysische im Schwange gehen, ist den Dichtern nicht günstig: diese haben von jeher nur unter dem Einfluss der Künste und eines geistreichen Umgangs gedeihen können. Da zugleich meine dramatischen Beschäftigungen mir die Anschauung des Theaters zum nächsten Bedürfnis machen und ich von dem glücklichen Einfluss desselben auf meine Arbeiten vollkommen überzeugt bin, so hat alles dies ein lebhaftes Verlangen in mir erweckt, künftighin die Wintermonate in Weimar zuzubringen.

Indem ich aber dieses Vorhaben mit meinen ökonomischen Mitteln vergleiche, finde ich, dass es über meine Kräfte geht, die Kosten einer doppelten Einrichtung, und den erhöhten Preis der meisten Notwendigkeiten in Weimar zu erschwingen. In dieser Verlegenheit wage ich es, meine Zuflucht unmittelbar zu der Gnade Eurer Durchlaucht zu nehmen, und ich wage es mit um so größerem Vertrauen, da ich mich, in Ansehung der Gründe, die mich zu dieser Ortveränderung antreiben, Ihrer höchst eigenen gnädigsten Beistimmung versichert halten darf. Es ist der Wunsch, der mich antreibt, Ihnen Selbst, gnädigster Herr und den durchlauchtigsten Herzoginnen näher zu sein, und mich durch das lebhafte Streben nach Ihrem Beifall, in meiner Kunst selbst vollkommener zu machen, ja vielleicht etwas weniges zu Ihrer eigenen Erheiterung dadurch beizutragen.

Da ich mich in der Hauptsache auf die Früchte meines Fleißes verlassen kann und meine Absicht keineswegs ist, darin nachzulassen, sondern meine Tätigkeit vielmehr zu verdoppeln, so wage ich die untertänigste Bitte an Eure Durchlaucht mir die Kostenvermehrung, welche mir durch die Translocation nach Weimar und eine zweifache Einrichtung jährlich zuwächst, durch eine Vermehrung meines Gehalts gnädigst zu erleichtern.

Der ich in tiefster Devotion ersterbe
Eurer Herzoglichen Durchlaucht
meines gnädigsten Herrn untertänigst treugehorsamster
Fr Schiller.

Schon am 11. September antwortet der Herzog, dass er ihn gerne in Weimar sehe, am liebsten nicht nur im Winter. Sein Jahresstipendium erhöht er großzügig: »200 Reichstaler gebe ich Ihnen von Michaeli dieses Jahres an Zulage.« Damit verdoppelt er das im Januar 1790 zur Heirat bewilligte »Hofratssalär« auf 400 Reichstaler jährlich.

Am 12. Oktober geht ein Brief an Cotta, in dem Schiller um einen Vorschuss bittet, »denn meine neue Einrichtung in Weimar kostet mir viel und ich kann die *Maria* erst im Januar auf die Theater bringen«. Im Dezember 1799 zieht er für immer nach Weimar. Die einst verschmähte Geliebte Charlotte von Kalb überlässt der fünfköpfigen Schiller-Familie ihre Wohnung. Trotz Schillers chronischer Rechenschwäche, wenn es um seine Finanzen geht, hat sich sein Leben deutlich beruhigt. Er führt ein beständiges Familienleben, genießt den Austausch mit interessanten Kollegen und arbeitet bis zur Erschöpfung, wenn er nicht krank ist.

V. »Gnädigster Herr, ich habe Familie … «
Aufstieg in Weimar: Hauskauf und Adelstitel (1799–1804)

AN JOHANN FRIEDRICH COTTA

In einem der letzten Briefe, die Schiller im 18. Jahrhundert schreibt, sieht man ihn als versierten Geschäftspartner, der dem Verleger seine finanziellen Vorstellungen gelassen und ohne existenziellen Druck übermittelt. Er hat immer noch Schulden, aber wenigstens keine leeren Kassen mehr. Mit dem Anwachsen seiner Familie wächst ihm schließlich doch ein handfester Geschäftssinn zu.

Weimar, den 8. Dezember 1799

Mein teurer Freund,

… Ich habe den ersten freien Tag benutzt, die Abschrift meiner Stücke durchzugehen und, für das Stuttgarter Theater, die verfänglichsten Stellen daraus wegzustreichen. Wenn die Stücke die Zensur nun noch nicht passieren, so ist es wenigstens meine Schuld nicht. Das dritte Stück folgt mit der nächsten Post, einstweilen mag Haselmeier die zwei ersten der Zensur vorlegen. Das dritte wird ohnehin die allerwenigste Schwierigkeit bei der Zensur machen. Auf jeden Fall versteht sich, dass mir Haselmeier die Schreibgebühren für die 3 Stücke und für die Partitur der Melodien ersetzt, wenn das Theater die Stücke auch nicht geben darf.

Am Drucke gedenke ich in spätestens 3 Wochen hier anfangen zu lassen.

Vielleicht könnte ich vom Frankfurter Theater noch einhundert Taler für die Wallensteine erhalten, wenn es durch Ihre Hände ginge. Die Stücke sind schon vor einem Jahr von dort aus von mir verlangt worden, ich hielt sie aber damals zu hoch, weil ich die Frankfurter für liberal erhielt und forderte 60 Dukaten, was man nicht geben wollte. Wenn Sie einen Brief daran wenden wollten und in Ihrem Namen schrieben, dass Sie Herr über die Stücke seien, so wären doch vielleicht 30 Dukaten zu bekommen.

Gegen die französische Übersetzung meiner Stücke habe ich nichts einzuwenden und da kein Zweifel ist, dass die Stücke doch nächstens ins Französische werden übersetzt werden, so hat der Buchhändler, der sie noch im Manuskript erhält den großen Vorteil, der erste auf dem Markte zu sein und keinen Konkurrenten zu haben. Dafür denke ich könnte er mir auch 400 oder 500 Livres bezahlen. Machen Sie dieses ab, lieber Freund, wie Sie selbst wollen, es wird mir alles lieb sein was Sie tun.

Die 200 Laubtaler habe ich durch Fregen erhalten und danke Ihnen verbindlichst dafür. Wenn ich nun noch gegen die Mitte Januars für 20 Bogen Erzählungen, die ich binnen 14 Tagen absenden werde, 20 Carolin von Ihnen erhalte, so werde ich mich Ihnen sehr verpflichtet achten, denn es ist freilich seit den letzten Monaten viel über meinen Beutel hergegangen.

Mögen Sie das alte Jahrhundert mit den Ihrigen glücklich und heiter beschließen!

Ganz der Ihrige
Schiller

Weimar, den 2. Februar 1802

Da ich nun zwei Jahre hier wohne, ohne nach Hofe eingeladen worden zu sein (denn auch am Hof der Herzogin Mutter war ich nie in größerer Gesellschaft) so wünschte ich auch fürs künftige, wegen meiner Kränklichkeit, davon ausgeschlossen zu bleiben. Für mich selbst bin ich, wie Sie mich kennen, nach keiner Auszeichnung begierig, die nicht persönlich ist, und das Wohlwollen meines gnädigsten Herrn und meiner gnädigsten Herzogin zu verdienen und zu erhalten ist alles, wonach ich strebe. Von Ihrer Güte, beste Frau von Stein, hoffe ich, dass Sie dieser meiner Bitte bei Ihrer Durchlaucht der Frau Herzogin die gehörige Auslegung geben werden.

Schiller

Hier ist einer gekränkt! Zu offiziellen Veranstaltungen bei Hof kann Schiller als Bürgerlicher wegen der Standesschranken nicht eingeladen werden. Bei Anna Amalia war Schiller einige Male in kleinem Kreis Gast gewesen. Über seine Frau jedenfalls hat Schiller keinen offiziellen Zugang zum Hof, da ihr der Adelstitel durch die Heirat mit dem bürgerlichen Schiller aberkannt wurde. Herzogin Louise hat, so heißt es, bei Frau von Stein angefragt, ob Schiller nicht gelegentlich zu Geselligkeiten bei Hof erscheinen wolle. Frau von Stein hat sicher zwischen Schillers Zeilen gelesen und die Botschaft weitergegeben. Denn bald sollten auch diese Schranken fallen.

AN JOHANN FRIEDRICH COTTA

Im Jahre 1802 wird Schiller Hausbesitzer. Den Vertrag für das Haus an der Esplanade, heute Schillerstraße, unterschreibt er am 19. 3. 1802. Wie es auch heute meist der Fall ist, muss er sich von verschiedenen Seiten Kredite verschaffen. Viele müssen mithelfen, bis er den Kaufpreis von 4 200 Reichstalern beisammen hat. Die Schwiegermutter leiht ihm 600 Reichstaler, der Verkauf seines Gartenhäuschens in Jena bringt 1 150 und von Cotta kommen, wie gewünscht, 2 600 Reichstaler. Goethe hilft mit einem Darlehen von etwa 12 Carolin, das Schiller bereits im Juni desselben Jahres tilgt. Familie Schiller hat bis dahin immer zur Miete gewohnt.

Weimar, den 5. Februar 1802

Sie haben mir ehmals erlaubt, wertester Freund, im Falle dass ich zum Ankauf eines Hauses einen Vorschuss an Geld nötig haben sollte, mich an Sie wenden zu dürfen. Dieser Fall ist jetzt gekommen, und da ich die Gelegenheit nicht aus der Hand lassen möchte, so mache ich von Ihrer Güte Gebrauch. Ich kann zwar einen Teil der Summe von meiner Schwiegermutter erhalten und auch etwas auf dem Hause stehen lassen, aber eine Summe von 2 600 Gulden brauche ich doch, weil mich das Haus mit den nötigen Reparaturen auf 8 000 Gulden zu stehen kommt; so teuer wohnt man in unserm schlechten Nest. Meinen Garten in Jena, von dem ich jene Summe nehmen könnte, wollte ich nicht gern mit Nachteil verkaufen.

Da ich wahrscheinlich einen vorteilhaften Contract schließen werde, wenn ich dem Verkäufer, der etwas derangiert ist, gleich eine Summe bar auszahlen kann, so wäre es mir freilich sehr lieb, jene Summe oder doch die größere Hälfte derselben sobald als möglich zu erhalten. Mein Schwager reist in der Mitte dieses Monats mit unserm Prinzen ab, um eine Tour nach Wien und nach Paris mit ihm zu machen. Er wird gegen Ende des Monats in Stuttgart mit ihm eintreffen. Wenn ich also recht bald Nachricht von Ihnen erhalte, dass meinem Schwager jene Summe oder ein Teil derselben gegen Ende Februars dort ausgezahlt werden kann, so kann ich mir das Geld von hiesiger Kammer auf Ihre Verschreibung auszahlen lassen und Zeit und Porto wird erspart. Doch versteht sichs, dass Sie dadurch nicht geniert werden dürfen.

Ich zahle meiner Schwiegermutter für ihren Vorschuss 4 Prozent; und muss Sie bitten, wertester Freund, sich diese Einrichtung gleichfalls gefallen zu lassen; denn da ich jene Summe nicht von meinen neuen Arbeiten, davon ich das Honorar zu meiner Subsistenz brauche, sondern von der Sammlung meiner theatralischen Schriften und folglich nur langsam abtragen kann, so würden Sie dabei zuviel verlieren, wenn das Kapital Ihnen ganz tot daläge. Bei 4 Prozent aber habe ich gar keinen Verlust. …

Leben Sie wohl mein wertester Freund. Meine Frau, die sich nebst den Kindern wohl befindet, grüßt Sie und Ihre liebe Frau aufs beste.

Ganz der Ihrige
Schiller

Weimar, den 27. November 1802

... Von Wien habe ich jetzt mein Adels Diplom in optima forma erhalten. Die Anregung zu dieser Sache ist vom Herzog von Weimar geschehen, der mir dadurch etwas angenehmes erzeigen und meine Frau, welche bisher nicht nach Hof gehen konnte, auf einen gleichern Fuß mit meiner Schwägerin setzen wollte; denn es hatte etwas unschickliches, dass von 2 Schwestern die eine einen vorzüglichen Rang am Hofe, die andre gar keinen Zutritt zu demselben hatte. Wäre meine Frau nicht von adeligem Stand, so würde ihr mein Adel nichts geholfen haben; so aber ist es anders und es könnte auch in der Folge auf die Versorgung meiner Kinder einen guten Einfluss haben. Sie können übrigens leicht denken, dass mir, für meine eigene Person, die Sache ziemlich gleichgültig ist.

Meine Frau und ich empfehlen uns Ihnen beiden aufs freundschaftlichste.

Ganz und immer der Ihrige
Sch.

Friedrich von Schiller ist in den Adelsstand erhoben worden! Es ist kaum verwunderlich, dass der Verfasser der »Räuber« und von »Kabale und Liebe«, beides Dramen der Aufklärung, sich angesichts dieser Auszeichnung leidenschaftslos gibt. Für Frau und Kinder sei sie jedoch ganz nützlich. Körner erklärt er sich so: »Für meine Frau hat die Sache einigen Vorteil, für meine Kinder kann sie ihn mit der Zukunft erhalten, für mich freilich ist nicht viel dadurch gewonnen. In einer kleinen Stadt indessen, wie Weimar, ist es immer ein Vorteil, dass man von nichts ausgeschlossen ist, denn das fühlt sich hier doch zuweilen unangenehm, wenn man in einer größeren Stadt gar nichts davon gewahr wird.«

AN HERZOG CARL AUGUST
VON SACHSEN-WEIMAR-EISENACH

Schiller macht sich Sorgen. Charlotte und die demnächst vier Kinder könnten unversorgt sein, sollte sich sein gesundheitlicher Zustand verschlimmern. Er erwägt sogar einen Ortswechsel. In Berlin ließe sich sicher mehr verdienen! Mit einer überraschenden Reise dorthin inszeniert er einen taktisch meisterhaften Gehaltspoker. Eigentlich möchten er und Charlotte viel lieber in Weimar bleiben. Berlin ist ihnen zu groß und zu anstrengend. Schiller wird dort schon nach einer Woche krank. Aber durch das großzügige Angebot von 3 000 Reichstalern, das das preußische Königshaus dem Dichter Schiller macht, kann er Carl August zuhause unter Druck setzen. Würde der seinen Schiller, den berühmten Dichter, mittlerweile populärer als Goethe, einfach nach Preußen ziehen lassen? Die Berliner haben sich jedenfalls während des zweiwöchigen Besuchs mächtig ins Zeug gelegt, gleichsam über Nacht sämtliche Schiller-Dramen ihres Repertoires auf die Bühne gebracht und den Dichter und seine Familie begeistert gefeiert. Die Krönung ist eine Audienz bei Königin Luise im Schloss Charlottenburg und das Angebot nach Berlin zu übersiedeln. Die Reise ist ein einziger Triumphzug und Schiller auf dem Höhepunkt seiner Karriere – und schwer krank.

Weimar, den 4. Juni 1804

Durchlauchtigster Herzog
Gnädigster Herr,
Ich bin nach Berlin gereist, um das dortige Theater, mit dem ich seit mehreren Jahren Geschäfte habe, näher kennen zu lernen, und für meine künftigen Stücke einen vorteilhaftem Contract zu schließen. Ganz unerwartet und ungesucht geschahen mir Anträge von seiten des Kabinettsrats Beime, mich dort zu fixieren. Man hat mich aufgefordert, meine Bedingungen zu machen, und ist geneigt, mir soviel zu bewilligen, als ich zu meiner Existenz in einer großen Stadt

würde nötig haben. ... Ich weiß, was ich der Gnade Eurer Durchlaucht schuldig bin, und ich glaube nicht, zu den feilen Menschen zu gehören, die aus Leichtsinn oder Gewinnsucht die heiligsten Bande auflösen. Nicht bloß die Pflichten der Dankbarkeit, auch Neigung und freundschaftliche Bande fesseln mich an Weimar. Die Aussicht auf eine glänzendere Lage würde mich also nie in Versuchung führen.

Aber, gnädigster Herr, ich habe Familie, und ob ich gleich mit demjenigen, was mir die Großmut Eurer Durchlaucht jährlich ausgesetzt, und mit dem, was meine Arbeiten mir erwerben, vollkommen ausreiche, so habe ich doch für meine Kinder noch wenig zurücklegen können. Ich bin 45 Jahre alt, meine Gesundheit ist schwach und ich muss auf die Zukunft denken. Diese einzige Rücksicht macht es mir zur Pflicht, eine wesentliche Verbesserung meiner Umstände, die sich mir anbietet, nicht gleichgültig von mir zu weisen, aber glücklich würde ich mich schätzen, wenn ich diese Verbesserung von der Gnade Eurer Durchlaucht erhalten, und so Ihnen und Ihnen allein alles verdanken dürfte.

In Berlin will man mir soviel bewilligen als ich zu meiner Existenz nötig habe, der Ertrag meiner Schriften würde demnach mein reiner Gewinn sein. Aber meine hiesigen Verhältnisse sind mir so teuer, dass ich mit Freuden auch künftighin zwei Dritteile dieser Einnahme jährlich zusetzen will, wenn ich durch die Großmut Eurer Durchlaucht in den Stand gesetzt werde, ein Dritteil davon des Jahrs für meine Kinder zurück zu legen.

Eure Durchlaucht haben mir schon so viele Beweise gegeben, dass Ihnen mein und der meinigen Glück nicht gleichgültig ist. Sie selbst haben den Grund dazu gelegt, und eine freudige Hoffnung sagt uns, Sie werden Ihr eigenes Werk vollenden.

Mit tiefster Devotion und Verpflichtung ersterbe ich
Eurer Herzoglichen Durchlaucht
meines gnädigsten Herrn untertänigster
Fr. v. Schiller

Schon zwei Tage später antwortet der Herzog und fordert Schiller auf, ihm »ohne Rückhalt seine Wünsche« mitzuteilen. Und am nächsten Tag weist er seinen Kämmerer an: Schiller »400 Reichstaler von Johannis an zulegen«. Der Dichter erhält jetzt 800 Taler von Herzog Carl August, zusätzlich zu den Einkünften aus dem Verkauf seiner Manuskripte.

AN HERZOG CARL AUGUST
VON SACHSEN-WEIMAR-EISENACH

Weimar, den 8. Juni 1804

Die gnädigen Gesinnungen, welche Eure Durchlaucht so edelmütig gegen mich äußern, befreien mein Herz von einer großen Last; denn welches Glück mir auch anderswo möchte angeboten werden, so würde es mir doch immer das schwerste Opfer gekostet haben, wenn es mich aus meinen hiesigen Verhältnissen gerissen hätte. Ihre Großmut, gnädigster Herr, fixiert nun auf immer meinen Lebensplan. Jedem Gedanken an eine Veränderung kann ich mit frohem Herzen entsagen, ich kann mit freudiger Tätigkeit wirken, weil ich nunmehr im Stande bin, etwas für die meinigen zu tun. Der Grund dazu ist gelegt, ich habe mit den Ersparnissen meines Fleißes angefangen, mein kleines Haus zu erwerben, es wird noch dieses Jahr schuldenfrei und mein eigen sein. Ich darf Eurer Durchlaucht diese kleinen Details anführen als einen Beweis, dass Ihre edelmütigen Absichten mit mir und den meinigen nicht unerfüllt bleiben werden.

Und wenn Euro Durchlaucht, wie mir der Geheime Rat v. Goethe sagt, Ihre Gnade für mich noch dadurch vermehren, dass Sie mir erlauben wollen, zuweilen einige Monate in Berlin zuzubringen, so wird es meine Ansichten erweitern und auf meine Arbeiten einen glücklichen Einfluss haben.

Mit gerührtem Herzen erinnere ich mich, dass es jetzt zwanzig Jahre sind, dass ich in Mannheim und Darmstadt das Glück hatte, mich Eurer Durchlaucht zuerst zu nahen. Damals empfing ich den ersten Beweis Ihrer Gnade, die sich bis auf den heutigen Tag nie gegen mich verleugnet hat.

Fr. v. Schiller

Wir erinnern uns, Weihnachten 1784 hat Schiller auf Einladung Carl Augusts vor dem Darmstädter Hof aus seinem »Don Carlos« vorgelesen und anschließend den Titel eines »Weimarischen Rats« erhalten. Das war der Anfang von Schillers Verbindung zu Weimar, den der junge Herzog von Sachsen-Weimar-Eisenach damals gesetzt hat. Das ist jetzt zwanzig Jahre her!

AN PRINZESSIN CAROLINE
VON SACHSEN-WEIMAR-EISENACH

Im Juli 1804 wird Schillers viertes Kind, die Tochter Emilie geboren. Für sie sorgt der Vater gleich bei der Geburt vor, indem er Prinzessin Caroline, die Tochter von Herzog Carl August und dessen Frau Louise, bittet, Emilies Patin zu sein.

Weimar, den 20. August 1804

Werden Sie mir verzeihen, gnädigste Prinzessin, dass ich mir die Freiheit genommen habe, Sie als Patin meiner kleinen Emilie zu nennen? Die innigste Ergebenheit und herzliche Verehrung die ich Ihnen, beste Prinzessin, gewidmet habe, soll in diesem lieben Kinde fortleben und Ihr Name sich an meine schönste Freude anknüpfen.

Schiller

»Ich kann Ihnen die Freude nicht beschreiben, die Sie mir durch Ihr gütiges, teures Zutrauen machen«, antwortet ihm die Prinzessin.

Noch kurz vor seinem Tod hat Schiller seine finanzielle Lage durch einen weitsichtigen Vertragsabschluss mit Cotta gesichert, indem er ihm die Rechte an seinem Werk für die nächsten zwanzig Jahre übertragen hat. Schon zwei Wochen nach seinem Tod am 9. Mai 1805 erhält Charlotte Schiller von Cotta 10000 Gulden als Honorarzahlung für die fünf Bände umfassende Ausgabe der gesammelten Dramen. Damit kann sie sofort die Restschuld von 1100 Talern, mit der das Haus noch belastet ist, begleichen. Zwischen 1812 und 1825 kann Cotta weitere 30000 Taler aus dem Verkauf der Bücher an die Witwe überweisen. Das Image des armen Dichters ist Schiller trotzdem geblieben; noch Jahre später erhält Charlotte Spenden aus vielen Teilen Europas für die Ausbildung ihrer Kinder.

1759   Am 10. November wird Johann Christoph Friedrich Schiller als zweites Kind in Marbach am Neckar geboren. Eltern sind Elisabeth Dorothea Schiller (geb. Kodweiß) und der Wundarzt und spätere Offizier Johann Kaspar Schiller.

1773   Auf Befehl des Herzogs Carl Eugen tritt der dreizehnjährige Schiller in die »Militär-Pflanzschule« (sog. Carlsschule, später Militärakademie) auf der Solitude bei Stuttgart ein.

1774   Schiller studiert Jura an der Carlsschule. Seine Eltern müssen unterschreiben, dass er dem Herzog »übereignet« ist und sein Leben lang dem Hause Württemberg dienen wird. Er liest J. W. Goethes »Werther«.

1776   Schiller wechselt zum Medizinstudium über. Er liest William Shakespeares Dramen. Im »Schwäbischen Magazin« veröffentlicht er sein Gedicht »Der Abend«, seine erste Publikation.

1780   Schiller stellt sein 1779 begonnenes Drama »Die Räuber« fertig. Seine dritte Dissertation (nach Ablehnung der beiden vorangegangenen) wird angenommen. Nach dem Examen wird ihm vom Herzog eine Stelle als Regimentsarzt zugewiesen.

1781   »Die Räuber« erscheint anonym im Selbstverlag.

1782   Uraufführung der »Räuber« in Mannheim, Schillers erste Gedichtsammlung »Anthologie auf das Jahr 1782« erscheint. Heimliche Arbeit an »Die Verschwörung des Fiesko zu Genua«. Nach Arrest und Schreibverbot durch Herzog Carl Eugen Flucht aus Stuttgart.

1783   Arbeit an »Luise Millerin« (später »Kabale und Liebe«) und am »Don Carlos«. Uraufführung von »Die Verschwörung des Fiesko in Genua« in Bonn. Anstellung als Theaterdichter in Mannheim. Im Herbst erkrankt Schiller schwer an Malaria.

1784   Aufführung des »Fiesko« und Uraufführung von »Kabale und Liebe« mit großem Erfolg in Mannheim. Dennoch wird der Vertrag von Theaterintendant Dalberg nicht erneuert. In Darmstadt liest Schiller dem Herzog Carl August von Sachsen-Weimar aus dem »Don Carlos« vor und erhält den Titel eines Weimarischen Rats.

1785   Das erste Heft der »Rheinischen Thalia« erscheint. Reise nach Leipzig, Freundschaft mit Ludwig Ferdinand Huber und den Schwestern Dora und Minna Stock. 1785–1787 lebt Schiller als Gast von Christian Gottfried Körner in Leipzig, Gohlis, Dresden und Loschwitz. Ode »An die Freude«, Arbeit am »Don Carlos«, Prosaerzählungen und an historischen Studien. Bekanntschaft mit dem Verleger Georg Joachim Göschen.

1787   »Don Carlos« erscheint bei Göschen in Leipzig. Der Roman »Der Geisterseher« erscheint in Fortsetzungen bis Ende 1789.

1788   Briefkontakt mit den Schwestern Lengefeld, erste Begegnung mit Goethe bei einem Besuch in Rudolstadt.

1789   Professur für Geschichte in Jena. Freundschaft mit Wilhelm von Humboldt.

1790   Schiller erhält ein festes Jahresgehalt von Herzog Carl August und den Titel eines Hofrats. Arbeit an der »Geschichte des Dreißigjährigen Krieges«. Heirat mit Charlotte von Lengefeld und Bekanntschaft mit Novalis.

1791   Kantlektüre. Im Januar lebensgefährliche Erkrankung an einer Lungen- und Rippenfellentzündung, von der er sich nie mehr richtig erholt. Dreijähriges Stipendium des dänischen Herzogs von Schleswig-Holstein-Augustenburg und des Grafen Ernst von Schimmelmann.

1792   Verleihung des französischen Bürgerrechts durch die Nationalversammlung. Vorlesungen zur Ästhetik, Arbeit am »Dreißigjährigen Krieg«, erste Pläne zu »Wallenstein«.

1793   Geburt des ersten Sohnes Carl. Bekanntschaft mit Friedrich Hölderlin. Arbeit an den Schriften für den Herzog von Augustenburg »Über die ästhetische Erziehung des Menschen«.

1794   Erster Kontakt mit Schillers zukünftigem Verleger Johann Friedrich Cotta. Im Mai Rückkehr nach Jena. Beginn der Freundschaft mit Goethe.

1795   Bei Cotta erscheinen die ersten Hefte der »Horen«, an denen neben Schiller noch Goethe, Fichte, Herder, Humboldt, August Wilhelm Schlegel u.a. mitarbeiten.

1796   Geburt des zweiten Sohnes Ernst. Schillers Schwester Nanette und sein Vater sterben. Kontakt mit Friedrich Wilhelm Schelling, Besuch von Jean Paul. Gemeinsam mit Goethe entstehen die Xenien.

1797   Arbeit am Wallenstein. Es ist es das berühmte »Balladenjahr«, in dem Schiller und Goethe Balladen wie »Der Taucher«, »Der Handschuh«, »Der Ring des Polykrates« gemeinsam verfassen.

1798   Umzug ins Jenaer Gartenhaus. Im Oktober wird das umgebaute
        Weimarer Theater mit »Wallensteins Lager« eröffnet.

1799   Uraufführung von »Wallensteins Tod« und »Die Piccolomini« in
        Weimar. Verdoppelung des Hofratsgehalts. Geburt der Tochter Ca-
        roline. Umzug nach Weimar.

1800   »Maria Stuart« wird in Weimar uraufgeführt. Schiller beginnt mit
        der »Jungfrau von Orleans« und bearbeitet Shakespeares »Mac-
        beth«.

1801   Reisen nach Dresden und Loschwitz, dort sieht Schiller seinen
        Freund Körner zum letzten Mal. Uraufführung der »Jungfrau von
        Orleans« in Leipzig; nach der dritten Aufführung wird Schiller vom
        Publikum gefeiert.

1802   Schiller kauft sich in Weimar das Haus an der Esplanade (heute
        »Schillerstraße«). Tod seiner Mutter. Im Sommer erkrankt er wie-
        der für längere Zeit. Arbeit an der »Braut von Messina«, Pläne für
        »Wilhelm Tell«. Im November wird Schiller geadelt.

1803   Die »Braut von Messina« wird in Weimar uraufgeführt. Bei Hofe
        trifft Schiller zum ersten Mal Madame de Staël.

1804   »Wilhelm Tell« wird in Weimar uraufgeführt. Reise nach Berlin, wo
        er der Aufführung mehrerer seiner Stücke beiwohnt und vom Pub-
        likum gefeiert wird. Nach der Rückkehr nach Weimar verdoppelt
        Herzog Carl August sein Gehalt. Geburt des vierten Kindes, seiner
        Tochter Emilie.

1805   Arbeit an der Übersetzung von Racines »Phèdre«, im Februar
        schwere Erkrankung. Trotz Fieberanfällen und Lungenentzündung
        arbeitet Schiller am »Demetrius« weiter. Am 1. Mai geht er ins The-
        ater und trifft Goethe zum letzten Mal. Am 9. Mai stirbt Schiller an
        einer akuten Lungenentzündung.

Lebenshaltungskosten um 1800

Die staatliche Währungspolitik in den damals häufigen Krisenzeiten verursachte erhebliche Kursschwankungen, so dass sich zu den Lebenshaltungskosten in Schillers Zeit keine ganz genauen Angaben machen lassen. Dennoch können einige Vergleichszahlen genannt werden:
Auf einer niedrigen gesellschaftlichen Ebene (Knechte, Dienstboten, etc.) brauchte eine alleinstehende Person im Jahr zwischen 75 bis 100 Taler. Im bürgerlichen Milieu hatte man jedoch andere gesellschaftliche Ansprüche zu erfüllen, entsprechend wurden schnell 200 Taler und mehr benötigt. Der Schuldenberg von 300 Talern, den Schiller zu Beginn seiner Karriere anhäuft, ist also durchaus bedrohlich (siehe S. 9).
Die Lebenshaltungskosten (ohne Reisen, Geselligkeiten oder anderen »Luxus«) von Familien sahen anders aus: Ein bürgerlicher Haushalt brauchte mindestens 400, eher 500 Taler jährlich für ein standesgemäßes Leben. 40 % dieses Betrags wurden für Essen ausgegeben, 20 % für Miete, 5 % für Feuerung/Heizung. Ein gutbürgerlicher Haushalt mit Repräsentationsausgaben, wie Schiller sie später hatte, erforderte jedoch schnell 1 500 Taler, um eine Familie mit Kindern unterhalten zu können. Schillers erstes Gehalt von 200 Talern, das Herzog Carl August ihm 1789 gewährte (siehe S. 43), reichte hierfür bei weitem nicht aus. Umso wichtiger waren die Honorare, die Schiller für seine literarischen Werke bezog.
In den reichen Haushalten von Kaufleuten oder Ministern benötigte man mindestens 4 000 Taler jährlich. Im direkten Vergleich lässt sich also sagen, dass Schiller mit seinem festen Gehalt, das sich zum Schluss auf 800 Taler jährlich belief (siehe S. 70), bis zu seinem Lebensende zwar wohlhabend, jedoch niemals wirklich reich geworden ist.
Schillers Freund Goethe verdiente im Übrigen zeitlebens deutlich besser. Neben höheren Honoraren für seine literarischen Werke bezog er ab 1776 ein Gehalt von 1 200 Talern, das bis 1810 sukzessive auf 2 000 Taler angehoben wurde. Als Minister erhielt er schließlich 3 100 Taler, womit er zu Weimars Spitzenverdienern gehörte. Goethes Haushaltskosten schossen entsprechend in die Höhe: Von 1817 bis 1830 stiegen sie von 4 000 auf stolze 12 000 Taler.

Münzen um 1800 und ihr Wert im Verhältnis zueinander

1 Carolin	6 Reichstaler 8 Groschen
1 Louisdor	5 Reichstaler
1 Dukat	2 Reichstaler 20 Groschen
1 Laubtaler	1 Reichstaler 12 Groschen 6 Pfennige
1 Reichstaler	24 Groschen zu 12 Pfennigen oder
	90 Kreuzer zu 4 Pfennigen
1 Konventionsgulden	16 Groschen
1 Sächsischer Gulden	17 Groschen 6 Pfennige

Inhalt

Anmerkungen:
Die Herausgeberin hält sich an die Regeln der neuen Rechtschreibung.
Die Rechtschreibung der Briefe Friedrich Schillers wurde vorsichtig modernisiert,
aus dem Französischen entlehnte Begriffe wie »Employ«, »Embarras«, »Menage«, etc.
bleiben erhalten. Kürzungen der Originalbriefe sind gekennzeichnet.

Unser gesamtes lieferbares Programm und
viele andere Informationen finden Sie unter
www.sanssouci-verlag.de

1 2 3 4 5   13 12 11 10 09
ISBN 978-3-8363-0159-6
© Sanssouci im Carl Hanser Verlag, München 2009
Alle Rechte vorbehalten
Einbandgestaltung: Hauptmann und Kompanie Werbeagentur GmbH,
München/Zürich, unter Verwendung eines Motivs von Gottfried Müller
Lithos: Reinhard Amann, Aichstetten
Satz im Verlag
Druck und Bindung:
Memminger MedienCentrum AG, Memmingen
Printed in Germany